# LA PARTICIPATION
DES
# OUVRIERS AUX BÉNÉFICES
ET
# LES DIFFICULTÉS PRÉSENTES



PAR

**M. A. GIBON**

INGÉNIEUR DES ARTS ET MANUFACTURES
ANCIEN DIRECTEUR DES FORGES DE COMMENTRY
PRÉSIDENT DE LA SOCIÉTÉ D'ÉCONOMIE SOCIALE



EXTRAIT DU *GÉNIE CIVIL*

**Prix : 3 Francs**

PARIS
GUILLAUMIN ET C^ie, ÉDITEURS
DE LA COLLECTION DES PRINCIPAUX ÉCONOMISTES, DU JOURNAL DES ÉCONOMISTES
DU DICTIONNAIRE DE L'ÉCONOMIE POLITIQUE
DU DICTIONNAIRE UNIVERSEL DU COMMERCE ET DE LA NAVIGATION, ETC.
Rue Richelieu, 14

1892

LA PARTICIPATION

# DES OUVRIERS AUX BÉNÉFICES

ET LES DIFFICULTÉS PRÉSENTES

# LA PARTICIPATION

DES

# OUVRIERS AUX BÉNÉFICES

ET

# LES DIFFICULTÉS PRÉSENTES

PAR

M. A. GIBON

INGÉNIEUR DES ARTS ET MANUFACTURES

ANCIEN DIRECTEUR DES FORGES DE COMMENTRY

PRÉSIDENT DE LA SOCIÉTÉ D'ÉCONOMIE SOCIALE

EXTRAIT DU *GÉNIE CIVIL*

Prix : 3 Francs

PARIS

GUILLAUMIN ET Cie, ÉDITEURS

DE LA COLLECTION DES PRINCIPAUX ÉCONOMISTES, DU JOURNAL DES ÉCONOMISTES

DU DICTIONNAIRE DE L'ÉCONOMIE POLITIQUE

DU DICTIONNAIRE UNIVERSEL DU COMMERCE ET DE LA NAVIGATION, ETC.

Rue Richelieu, 14

1892

BESANÇON. — IMPR. ET STÉRÉOTYP. PAUL JACQUIN.

## TABLE DES MATIÈRES

# AVERTISSEMENT

On a beaucoup écrit sur la participation aux bénéfices; un recueil fondé depuis 1878 renferme tous les faits favorables à ce nouveau système de rémunération du travail [1]; l'exposition de 1889 a mis en évidence, avec beaucoup d'éclat, les résultats obtenus depuis un demi-siècle. Ces résultats, que nous jugeons des exceptions, ont frappé beaucoup d'hommes haut placés dans l'administration et dans les conseils de notre pays. — Plusieurs projets de loi ont été déposés par nos députés, un projet récent est présenté par quatre-vingt-dix d'entre eux, M. Guillemet est à leur tête.

M. Berger, directeur général de l'exposition universelle de 1889, et membre du Comité supérieur de rédaction du *Génie civil*, sympathique au système, en a provoqué l'examen dans le *Génie civil*. — Nous avions déjà eu l'occasion d'étudier la question, de la discuter avec des industriels, avec des économistes; nous l'avions traitée rapidement en 1890, au Congrès des Sociétés savantes, en présentant une étude sur les divers modes de rémunération du travail. — La Société des ingénieurs civils avait chargé une Commission de la représenter à ce Congrès; cette Commission m'avait fait l'honneur de me charger du rapport. — Dans cette situation, j'ai entrepris de faire l'étude du système, et comme des hommes éminents pensent que son application résoudrait les difficultés présentes, j'ai pensé qu'il fallait aussi les examiner; de là le titre de ce mémoire.

Dans une première partie, qui comprend les quatre premiers chapitres, je cherche à exposer le principe et les résultats de la participation des ouvriers aux bénéfices, les objections qu'elle me paraît présenter, je donne une consultation des avis favorables et opposés au système, et je discute le projet de loi de M. Guillemet et de ses col-

---

[1] *Bulletin de la participation aux bénéfices*, imprimerie Chaix, 20, rue Bergère, Paris.

lègues. Ce projet a en vue de faire accepter le système de la participation par l'Etat, au profit des ouvriers qu'il occupe directement. C'est un moyen de presser, au moins d'engager l'industrie à l'appliquer.

Une deuxième partie traite des conditions actuelles du salaire, de ses divers modes, des institutions patronales qui s'y trouvent liées, des efforts de nombreux industriels en vue d'arriver à l'union des intérêts. — Je n'écarte pas de cette étude la situation tendue qui existe aujourd'hui entre les ouvriers et leurs chefs, ce que j'appelle *les difficultés présentes*. J'ai pensé qu'il était nécessaire d'opposer à un système qui n'est pas bien défini, qui n'a certes pas fait ses preuves, que je crois plein d'illusions et de dangers, un système qui est appliqué partout, dans tous les pays, et qui, selon moi, se prête à toutes les combinaisons qui ont pour but d'améliorer le sort des ouvriers en améliorant les conditions de revient des produits. C'est là le but constant que l'industriel doit poursuivre. — Sans doute, nous devons chercher à améliorer le sort de l'ouvrier, mais il doit son concours à l'industrie de son pays pour réduire le prix de ses produits. C'est ce que fait depuis soixante ans l'industrie appuyée sur les progrès de la science; cette voie doit être suivie, si nous voulons que la France conserve dans le monde une place indépendante et honorée.

Il m'a paru que les compagnies industrielles, que nos manufacturiers, avaient un grand devoir à remplir pour calmer et résoudre les difficultés qui existent. — Je crois que ce devoir s'impose et qu'il est facile. Il conviendrait d'établir un contact permanent, dans des réunions familières, de chefs, représentant les conseils d'administration, avec les ouvriers, représentés par leurs pairs. — Il faudrait, par cet organisme, étudier toutes les questions qui intéressent le personnel ouvrier, le salaire, les règlements, le foyer, l'économie de la vie, l'épargne, les questions de moralité, etc., etc. L'expérience prouve que ce moyen est le meilleur, quand il est pratiqué avec bonne volonté, et j'ai indiqué des exemples qui en donnent le témoignage. — Il faut, nous dit avec raison M. Berger, écarter les doctrines des sectaires et éviter les révolutions. C'est là le but que nous avons cherché à atteindre; le lecteur jugera si nous avons apporté, par ce travail, une pierre utile au monument de la paix sociale.

# LA PARTICIPATION

DES

# OUVRIERS AUX BÉNÉFICES

## ET LES DIFFICULTÉS PRÉSENTES

La science la plus utile est celle qui maintient l'union entre les hommes [1]. F. LE PLAY.

## CHAPITRE PREMIER

### EXPOSÉ DU SYSTÈME ET RÉSULTATS

Difficultés présentes. — Proposition d'appliquer le principe de la participation aux bénéfices pour les résoudre. — Sa première application en France par Leclaire en 1842. — En 1878, M. Ch. Robert fonde la société de participation aux bénéfices. Sa composition, son but. — Un organe, qui prend le titre de *Bulletin de la participation*, est créé. — M. Böhmert, professeur d'économie politique à Dresde, publie les résultats de la participation. — En 1888, M. Trombert en donne une traduction en y joignant des travaux complémentaires. — Résultats de la participation publiés par le Bulletin en 1886. — Discussion de ces résultats. — Taux de répartition. — Modes d'emploi des bénéfices. — Exemples favorables de la participation : Leclaire, Dorgé-Heuzé, imprimerie Chaix, papeterie Laroche-Joubert. — Assemblée générale de la société de participation en 1890. — Observation de M. J. Simon.

Les questions ouvrières sont, depuis de longues années, la préoccupation très sérieuse des hommes clairvoyants, qui ont à cœur la paix des ateliers et par conséquent la paix publique; mais dans ces derniers temps, aujourd'hui surtout, elle devient la préoccupation de tous et l'occupation de beaucoup. Les grèves permanentes, incessantes, qui troublent le monde du travail, les congrès ouvriers qui menacent la société tout entière,

[1] *Organisation du travail.* Avertissement. F. LE PLAY. Mame et C^ie, éditeurs.

l'organisation générale de syndicats omnipotents et tyranniques, présentent des dangers qu'on ne saurait méconnaitre. Ces dangers font désirer une solution : on cherche cette solution partout, on se convainc qu'elle existe, on voudrait la formuler, rien n'est plus naturel; mais la solution à laquelle on aspire n'est pas simple; nous doutons beaucoup, dans tous les cas, qu'il y ait un remède spécial. Les remèdes existent sans nul doute, mais ils sont multiples et varient suivant les milieux matériels et moraux des populations; dans tous les cas, tous ceux qu'on peut indiquer doivent avant tout reposer sur les principes les plus élevés.

M. Georges Berger, l'éminent Directeur de l'Exposition universelle de 1889, que le *Génie Civil* a l'honneur de compter parmi les membres de son Comité supérieur de rédaction, a fait récemment connaitre, dans le numéro du 31 octobre de cette revue [1], son sentiment sur cette grave question. Il est convaincu qu'il est nécessaire de réorganiser les conditions du travail; il dit que cette réorganisation s'impose, si l'on veut à la fois écarter les doctrines des sectaires et les révolutions. Il envisage l'action des outillages nouveaux, relativement aux conditions de la main-d'œuvre et sent très bien que cet outillage va chaque jour en se perfectionnant, de telle façon que l'ouvrier ne sera plus bientôt que surveillant ou manœuvre, au moins dans certaines industries. L'artisan s'en va, c'est évident; dans ces conditions, il faut chercher et trouver le moyen de fournir une union, plus étroite que jamais, entre le capital et le travail. M. Georges Berger ne voit qu'un moyen pour atteindre ce but, c'est l'application du régime de la participation aux bénéfices, et il convie le *Génie Civil* à poursuivre l'étude de cette question; il juge que le législateur n'a pas à y intervenir, c'est bien certain; il juge aussi que la réglementation du travail de l'ouvrier adulte est impossible, c'est indiscutable. Il demande qu'on étudie comment la participation aux bénéfices pourra être répartie dans la plupart des grandes industries et enfin de « faire pressentir combien il sera aisé, à cette association effective du patron et de l'ouvrier, de faire œuvre d'initiative collective dans la fondation des caisses de retraites, de caisses d'assurances contre le chômage, les accidents et la mort. »

Nous n'avons pas la prétention, en ce qui nous concerne personnellement, de répondre à ces questions multiples, mais

---

[1] Voir le *Génie Civil*, tome XIX, n° 27, p. 441. Voir également l'annexe n° 1.

avant tout il nous paraît nécessaire de faire un exposé de la question fort intéressante de la participation aux bénéfices, qui n'est pas une nouveauté dans notre pays. Ce qui a été fait jusqu'ici donnera la mesure de ce qu'on peut espérer dans l'avenir et dira si son application générale à la réorganisation du salaire des ouvriers est possible ou impossible.

Le sujet que nous entreprenons de traiter ne saurait trouver ici les développements qu'il comporte; nous nous efforcerons de placer sous les yeux de nos lecteurs les points les plus importants et les faits principaux qui s'y rapportent. Nous renverrons souvent aux sources auxquelles le lecteur pourra recourir, s'il veut étudier la question plus à fond.

Le principe de la participation aux bénéfices est de toute antiquité ; les Romains l'ont introduit dans les Gaules, au moment de la conquête, en y instituant le métayage, qui est une application parfaite de l'idée. Dans les temps modernes, c'est en France, il y a environ cinquante ans, que la pratique de ce mode de rémunération du travail a été appliquée dans l'industrie. La première application, qui se maintient avec succès, a été faite par un homme de cœur et de dévouement, M. Leclaire, entrepreneur de peinture à Paris. La pratique de l'idée s'est peu étendue de 1842 à 1870. La société de participation aux bénéfices compte 16 applications dans cette période de 18 ans, et 23 de 1870 à 1878 [1].

C'est en 1878 que M. Ch. Robert fonda la Société de participation aux bénéfices. Cette Société est composée de chefs d'exploitation de sociétés financières et industrielles, pratiquant ou disposés à pratiquer ce mode de rémunération du travail à titre complémentaire du salaire, confiants, dans tous les cas, dans l'efficacité de ce moyen, au point de vue qui nous est cher à tous, la paix des ateliers. Son but principal est l'étude de la vulgarisation des moyens divers pratiqués en France et en Europe et dans toutes les parties du monde, qui ont été, sont et seront appliqués dans cette pensée du partage, dans une certaine mesure, des bénéfices d'une affaire, au profit de ceux qui sont jugés coopérateurs de son succès. Cette Société exprime, au sujet du salaire, les vues les plus libérales et ne présente pas la

---

[1] Voir la 3ᵉ livraison du *Bulletin de la participation aux bénéfices*, de l'exercice 1890. Imprimerie Chaix.

participation aux bénéfices comme un remède spécial aux difficultés sociales au milieu desquelles nous nous débattons; elle déclare qu'elle cherche les avis, les observations, les jugements des hommes de bonne volonté, en situation de l'éclairer; elle recherche surtout les chefs d'industrie. Elle connait et apprécie les principes du patronage, et nous verrons qu'elle sait les appliquer; elle considère comme fondamental et au-dessus de tout débat, le grand principe de la liberté du travail, qui se manifeste notamment par les différents modes de rémunération du travail; elle reconnait du reste que, jusqu'à présent, très généralement sinon absolument, la participation n'a été qu'un léger complément du salaire; elle dit que la participation n'est pas à ses yeux une panacée [1], en même temps, qu'il est quelquefois malaisé de la réaliser; elle étudie tous les modes de rémunération du travail qui conduisent à l'union des intérêts. C'est la meilleure preuve que ses vues de prédilection ne sont pas absolues.

Nous n'avons qu'à approuver ces déclarations.

En effet, elles écartent les polémiques stériles. C'est une société d'études qui recherche, par la participation, à réaliser la paix des ateliers, elle a foi que la participation est un moyen qui peut nous y conduire. Voyons les résultats généraux qu'elle a obtenus.

Dans cette première partie de notre étude, nous nous bornerons à relever les faits, et ces faits, nous les relèverons uniquement dans les travaux rédigés sous l'inspiration de M. Ch. Robert, le *Bulletin de la Participation* et la traduction de l'ouvrage important du docteur Victor Böhmert, professeur d'économie politique à Dresde, par M. Trombert, secrétaire de la Société pour l'étude de la participation. M. Trombert est non seulement le traducteur de cet ouvrage, mais il l'a enrichi de nombreux documents et a mis à jour ceux présentés par l'auteur; une préface de M. Ch. Robert précise du reste très nettement la part qui appartient à M. Trombert dans ce gros volume, grand in-8° de près de 800 pages.

Déjà, nous avons dit que la France avait eu l'honneur d'appliquer la première la participation aux bénéfices, et que Leclaire l'avait pratiquée en 1842 avec un dévouement et une générosité

[1] *Bulletin de la participation aux bénéfices*, 1re livraison, 1879, page 3.

qui ne seront jamais dépassés si même ils sont atteints. Nous avons vu aussi qu'en 1878, au moment où M. Ch. Robert a fondé la Société pour les études pratiques de la participation, 39 maisons en faisaient profiter leur personnel. La troisième livraison du *Bulletin de la Participation*, de l'exercice 1890, porte à 80, pour la France, le nombre des maisons qui l'appliquent, et relève, dans tous les pays étrangers, notamment en Europe et en Amérique, 143 exploitations de toute nature qui en font l'application.

Voici comment se décomposent, par genre d'industrie, les 80 maisons, qui, en France, appliquent ce système :

| | |
|---|---|
| Imprimeries | 13 |
| Compagnies d'assurances, banques, agents de change. | 16 |
| Mécaniciens. | 8 |
| Couvreurs et plombiers. | 8 |
| Teinturiers. | 4 |
| Entrepreneurs. | 3 |
| Peintres en bâtiments | 3 |
| Sociétés linières | 2 |
| Produits chimiques | 2 |
| Dentelles et broderies | 2 |
| Tissus | 2 |
| Vignobles | 2 |
| Industries diverses et une application par industrie | 15 |

Au total, 80 applications à 27 genres d'industries diverses.

Le *Bulletin de la Participation* a publié en 1886 un tableau synoptique très bien fait, qui établit à cette date le mode d'application du système ; qui précise, quand il le peut, le tantième de la répartition et qui en indique l'emploi. Il importe de se reporter à ce tableau pour avoir les renseignements spéciaux à chaque maison, mais on peut dire ici qu'on n'entrevoit dans ce document aucune règle précise. Le taux de la répartition est déterminé ou indéterminé; quand il est déterminé, il varie de 1/2 °/₀ à 75 °/₀; 49 maisons fixent la part comprise dans les limites que je viens d'indiquer ; elle est en moyenne de 17 °/₀. Pour 31 maisons, la part est indéterminée ; c'est une gratification prise sur les bénéfices, sans doute, comme toutes les gratifications pratiquées par la générosité des patrons et des compagnies. Quant à la base de la répartition, elle se fait souvent au prorata des salaires, plus rarement d'après le chiffre des salaires et le degré d'ancienneté ; une seule maison la fait absolument d'après l'ancienneté; enfin, quatre maisons suivant l'appréciation du chef de la maison.

Quant aux modes d'emploi de ces bénéfices, ils sont encore plus variés. Les uns les remettent en totalité en argent. M. Bord, fabricant de pianos, l'un des plus généreux du système, répond à la Commission d'enquête [1] des associations ouvrières qu'il laisse absolument ses ouvriers libres de faire tel usage qu'ils jugeront de la répartition qu'il leur alloue; en 1866, il a ainsi réparti 16,000 fr.; en 1870, 47,000 fr.; en 1875, 121,000 fr.; en 1882, 130,000 fr.

Parmi ceux qui font la remise de la participation en espèces, un seul, M. Laroche-Joubert, en fait une application spéciale; chez lui, la moitié de la participation est appliquée à l'acquisition de titres de l'entreprise.

16 maisons versent partie en espèces et partie à diverses œuvres de prévoyance.

20 maisons retiennent les bénéfices en totalité pour la constitution d'un patrimoine transmissible ou pour la fondation d'une caisse mutuelle destinée à fournir des pensions viagères.

16 maisons, dans le même but, retiennent une partie seulement de ces allocations.

33 délivrent aux intéressés des livrets individuels; ce sont évidemment les maisons qui appliquent les répartitions à la constitution d'un patrimoine ou de pensions viagères.

5 sociétés ou particuliers appliquent la participation, en totalité ou en partie, à l'acquisition de titres de l'entreprise.

29 maisons font subir une déchéance, partielle ou totale, à leurs employés ou ouvriers quand ceux-ci quittent la maison, soit du fait de leur libre volonté, soit du fait d'une révocation. C'est là une mesure grave, très discutée au Congrès de la participation qui s'est tenu en 1889 à l'Exposition universelle; elle a divisé en deux parties presque égales le nombre des membres de ce Congrès.

Pour être complet, je dois dire que le tableau, dont je cherche à donner une idée, précise qu'un certain nombre de maisons font participer les ouvriers aux pertes : elles sont au nombre de sept et comprennent les plus fervents disciples de la parti-

[1] Enquête de la Commission extraparlementaire des *Associations ouvrières*, tome II, pages 219 à 225. Cette enquête, qui comprend trois volumes grand in-quarto, est très complète et très précieuse à consulter.

cipation. Je les citerai toutes; ce sont : les maisons Leclaire, la papeterie d'Angoulême, M. Dorgé, M. Lenoir, MM. Bellon et Isaac, Abadie et Cie, et Godin.

Quatre maisons accordent aux intéressés un droit de contrôle sur leur bilan : Leclaire, la papeterie d'Angoulême, Dorgé, Billon et Isaac. La maison Goffinon accorde aussi le contrôle.

Enfin, quatorze maisons ont institué un comité consultatif en vue de régler toutes les questions qui intéressent la participation. Ce sont particulièrement les maisons qui s'occupent d'œuvres patronales. Cette mesure est excellente à tous les points de vue.

Une maison, celle dirigée par M. Lombart, fabricant de chocolat, qui n'est pas comprise au tableau de 1888, pratique la participation depuis quelques années ; elle en fait application pour les deux tiers à l'acquisition de maisons ouvrières.

Il résulte de ce qui vient d'être dit, très généralement, des faits qui touchent à ce système de rémunération du travail :

1° Qu'il peut s'appliquer à de nombreuses industries, puisque nous avons en France quatre-vingts exemples pratiqués par vingt-sept industries diverses;

2° Qu'il n'y a jusqu'ici aucune règle qui fixe la répartition. Nous avons dit qu'elle était de 1/2 à 75 %. M. Bord a abandonné tous ses bénéfices à ses ouvriers; elle varie donc de 1/2 % chez M. de Thunen, propriétaire foncier à Tellow (Mecklembourg), jusqu'à 100 % chez M. Bord, en passant par 1, 1 1/2, 2, 3, 4, 5, 8, 10, 15, 25, 33, 35, 50, 55 et 75 %. C'est à tort, selon nous, que le tableau appliqué à la pratique de la participation comprend pour 40 % de noms qui déclarent avoir l'intention de faire et, en fait, font une répartition sur leurs bénéfices dont le taux est indéterminé ; ce n'est là qu'une gratification, et si l'on comprenait dans ce tableau toutes les maisons qui font une gratification à leurs employés, contremaîtres ou chefs ouvriers, la liste serait infinie; car c'est là une pratique, sinon générale, du moins très répandue dans l'industrie. Nous voulons étudier la participation aux bénéfices d'une manière sérieuse, et c'est le motif pour lequel nous écartons ce qui est réellement une gratification ;

3° Qu'il n'y a aucune règle, pas plus qu'une pratique régulière, pour l'emploi de la part des bénéfices attribuée au personnel. Les uns comptent cette part totale en argent sans se préoccuper de ce qu'en fera l'ouvrier. Les autres la retiennent entièrement et l'appliquent à la constitution d'un patrimoine ou la versent à une caisse spéciale destinée à fournir des pensions viagères. Quelques-uns font un partage : ils sacrifient une part au présent, font de l'autre une œuvre de prévoyance. Les plus confiants ou les plus téméraires n'hésitent pas à engager cet argent dans leur propre industrie, au lieu de le réserver pour assurer l'avenir de la famille ; ils sont convaincus, sans doute, qu'il doit l'assurer par l'industrie. Enfin, plusieurs infligent une déchéance à cette participation et d'autres soumettent les participants aux pertes comme aux bénéfices. Quelques industriels admettent le contrôle, un plus grand nombre un comité consultatif ; j'ignore comment il fonctionne, mais il établit entre patrons et ouvriers un contact, des rapports suivis. C'est là une pratique qui doit avoir les meilleurs résultats.

Il est clair que la participation, chez ses plus fidèles adhérents, cherche encore sa voie. Ce fait incontestable, et je crois incontesté, n'est pas pour décourager ceux qui sont dévoués à l'idée supérieure qu'elle renferme ; c'est certainement une idée d'union et de paix. La voie est incertaine, on la trouvera peut-être par la persévérance ; le moment n'est pas encore venu de la discuter. Les tentatives de ce nouvel appoint au salaire ont été faites par des hommes de grande autorité ; il suffit de citer les noms de MM. Laroche-Joubert, Paul Dupont, des Courcy, Chaix, Goffinon, Lalande, Mozet, Lombard, etc., pour en avoir le témoignage irrécusable. Le système ne répondra peut-être pas à leurs vœux, mais il peut réussir dans leurs mains habiles. Tous représentent non seulement l'honorabilité, mais le succès, non pas seulement le succès financier, mais le succès sous les bons rapports continus avec leur personnel ; tous vivent au milieu de leurs ouvriers, ils en sont aimés et estimés. Appuyée sur de tels hommes, la participation aux bénéfices se trouvait dans les conditions les plus favorables. Ces conditions ont-elles un caractère général ?

Avant de répondre à cette question, je voudrais encore éclairer le problème que nous étudions par quelques exemples favorables, et si le lecteur le veut bien, nous allons parcourir avec lui rapidement le volume de M. Trombert.

*Maison Leclaire, à Paris.* — La maison fondée par Leclaire en 1842 mérite à tous les titres la première mention.

Dès 1842, Leclaire déclara à ses ouvriers qu'il adoptait en

leur faveur le système de participation et, en 1843, il leur distribuait, à leur grande surprise, 11,886 fr., 17,340 en 1844, 12,350 en 1845. Il admit bientôt que les trois quarts de ses bénéfices profiteraient à ses ouvriers, qu'ils en toucheraient les deux tiers, proportionnellement au salaire gagné par chacun, et qu'un tiers serait appliqué à une caisse de secours chargée de régler des pensions, qui s'élèvent aujourd'hui à 1,200 fr. et qui profitent aux ouvriers d'élite, chefs ouvriers chargés de diriger les équipes, que les patrons des ateliers de peinture sont dans l'obligation d'envoyer chez leurs clients, dans toutes les parties de la ville. En 1864, les sommes attribuées à la Société de secours dépassaient 460,000 fr.; en juin 1877, elles avaient atteint 900,000 fr.; en 1882, elles étaient de 1,412,224 fr. A cette date, la caisse de secours servait à 44 rentiers, sociétaires ou veuves, 34 pensions de 1,200 fr. et 10 pensions de 600 fr.

La maison Leclaire occupe par an 1,000 à 1,200 ouvriers, comprenant tous ceux qu'elle prend dans les moments de la plus grande activité du travail. Son personnel normal ne dépasse pas le chiffre de 500; sur ce nombre, 125 ouvriers environ composent le noyau.

J'ai sous les yeux les chiffres de sa répartition de 1869 à 1881 : dans cette période de 12 années, son taux, relatif au salaire, a varié de 16 à 21 %, dont 5 à 7 % pour la caisse de secours, 11 à 14 % aux salaires.

Les réserves, calculées par M. Guïyesse, actuaire, répondent parfaitement aux pensions promises; ces pensions ont ainsi les plus parfaites garanties.

Tous les membres du noyau ne font pas partie de la caisse de secours : en 1876, 80 seulement sur 116 en composaient le personnel.

Si résumée que doive être notre citation, il est indispensable de signaler que tout désaccord qui peut se produire entre patrons et ouvriers est jugé par un Comité de conciliation composé de neuf membres, dans lequel les ouvriers, au nombre de cinq, ont la majorité. Ces ouvriers sont nommés par leurs pairs, ils font partie du noyau. Trois employés et le patron font partie du Conseil; le patron est président. Ce comité est une institution de très grande sagesse, et si cette mesure était appliquée partout, elle éviterait bien des grèves, elle éviterait dans tous les cas l'action malfaisante des agitateurs, étrangers aux intérêts qu'ils bouleversent.

M. Leclaire est mort en 1872. Toutes ses précautions étaient prises pour que son œuvre ne périsse pas avec lui ; elles étaient admirablement prises, puisque cette œuvre prospère. Il n'est pas sans intérêt de noter que M. Ch. Robert est président de la Caisse de secours fondée par Leclaire, qui est si solidement dotée, mais qui ne profite, il faut le dire aussi, qu'au cinquième du personnel normal de la maison et au dixième environ du personnel général.

*Maison Dorgé-Heuzé, à Coulommiers.* — Le principe sur lequel repose la participation chez M. Dorgé mérite d'être signalé.

Tout ouvrier ou employé peut être admis à participer aux bénéfices et aux parts de l'entreprise.

Les apports de chaque participant consistent :

1° Dans son salaire (capital-salaire) ;

2° Dans un versement de 1,000 fr. en espèces. Cette somme de 1,000 fr. peut être payée en une seule fois ; au moment de son admission, elle peut être payée par une affectation consentie du dixième de son salaire. Le participant peut augmenter son versement jusqu'à concurrence de 5,000 fr.

Voici l'exemple d'une répartition dans l'hypothèse d'un bénéfice de 10,000 fr.

| | | |
|---|---|---|
| Matériel et capital fourni par M. Dorgé. Fr. | 70,000 | 75,000 |
| Son traitement comme Directeur . . . . | 5,000 | |
| Salaire des employés et ouvriers participants. | 21,500 | 25,000 |
| Capital déposé par le personnel. . . . . | 3,500 | |
| La part de M. Dorgé sera de. . . . . . | 7,500 | 10,000 |
| La part du participant de. . . . . . . | 2,500 | |

Cette combinaison a été appliquée par M. Dorgé dès 1873. En 1881, la maison s'étant transformée en Société anonyme, M. Dorgé a maintenu, dans la société nouvelle, les avantages qu'il avait consentis en faveur de son personnel quand seul il gérait la maison.

Trente membres, sur cent vingt, composant le personnel de l'usine, font aujourd'hui partie de cette société. C'est évidemment l'élite du personnel.

La répartition est en moyenne, depuis 1867, de 6 % du salaire.

*Imprimerie Chaix, Paris.* — Le régime de la participation aux bénéfices a été inauguré dans cette maison en 1872.

M. Chaix annonça à ses ouvriers qu'une part de 15 % sur les bénéfices nets de la maison leur serait attribuée désormais et que cette part serait répartie de la manière suivante :

5 % en espèces aux ouvriers et employés ayant servi l'établissement avec zèle et habileté pendant trois années consécutives, et ayant été admis, sur leur demande, à participer aux bénéfices;

5 % portés à un compte de prévoyance et de retraite pour être remis, sous forme de rentes, à chaque participant, ou être payés comptant à ses héritiers, s'il mourait en activité de service;

5 % également inscrits au compte de prévoyance et de retraite, mais n'étant définitivement acquis au participant qu'à l'âge de soixante ans ou après vingt ans de services non interrompus.

Et, aussitôt, M. Chaix versa dans la caisse de retraite, pour être appliquée à la troisième part, une somme de 52,000 fr. qui rapporta à chaque intéressé 50 fr. par année de présence, soit, pour dix années, 500 fr.; pour vingt, 1,000 fr. On releva les noms d'ouvriers ayant jusqu'à 25 et 26 années de service; il leur fut attribué 1,250 et 1,300 fr.

En 1872, la maison Chaix occupait 600 ouvriers; le nombre des participants était de 130, et s'est élevé progressivement jusqu'à 368 en 1884; mais aussi, le nombre d'ouvriers a passé de 600 à 1,200. On a ainsi comme participants le tiers à peu près des ouvriers de la maison. Le taux de la répartition, jusqu'à 15 % des bénéfices, a produit en moyenne 7 1/2 % du salaire des membres participants; la somme totale qui est devenue ainsi la propriété des ouvriers, de 1872 à 1883, s'est élevée à 719,589 fr. 90 c., dont un tiers, formant la première part, a été distribué comptant, M. Chaix a constaté que la moitié environ des participants, soit un sixième des ouvriers, appliquaient cette part soit à des versements à la caisse de retraites de l'Etat, soit en primes d'assurances sur la vie.

Sur les 368 participants en activité de service au 1er janvier 1884 :

| | | |
|---|---|---|
| 5 | ont un livret de | 8,000 fr. et plus; |
| 5 | — | 6,000 à 8,000 fr.; |
| 22 | — | 4,000 à 6,000 fr.; |
| 30 | — | 2,000 à 4,000 fr.; |
| 306 | — | 2,000 fr. et moins. |

Il n'est pas sans intérêt d'indiquer la durée du service des membres participants :

| | | |
|---|---|---|
| 4 participants ont plus de 30 ans de service; | | |
| 20 | — | 20 à 30 ans; |
| 121 | — | 10 à 20 ans; |
| 152 | — | 5 à 10 ans; |
| 71 | — | 3 à 5 ans. |

La maison se loue des sacrifices qu'elle s'est imposés; les participants recueillent du système des résultats effectifs. Quand la grève de 1878 s'est produite, un seul participant y a pris part.

*Papeterie Laroche-Joubert, à Angoulême.* — Je prendrai comme quatrième et dernier exemple la papeterie coopérative de MM. Laroche-Joubert et Cie, à Angoulême. Cette usine occupe 1,200 ouvriers; elle a pour chefs les Laroche-Joubert depuis plusieurs générations.

La rémunération du travail se règle à la tâche; les ouvriers reçoivent en outre des primes relatives à leur production. Ils reçoivent dans certains cas des gratifications.

On ne saurait, dans les quelques lignes que nous pouvons consacrer à cet exemple, exposer clairement et entrer dans tous les détails de l'organisation fort originale et très intelligente appliquée par les chefs de cette importante exploitation. On doit dire que l'intérêt accordé aux ouvriers et employés est non seulement dans le prix du travail à la tâche et dans la gratification, mais que chaque étape de fabrication, chaque fabrication spéciale, fait ses inventaires et fixe son bénéfice; que les agents, employés et ouvriers attachés à chacune de ces fabrications en ont leur part, relative, à la fois, à leur salaire et à la durée de leurs services; enfin, que tout ouvrier ou employé peut appliquer ses bénéfices à l'achat de titres de la Société et qu'alors il a sa part spéciale comme intéressé; que les parts attribuées au salaire et à l'ancienneté varient de 25 à 50 %; que par conséquent les bénéfices généraux de la Société reçoivent des fabrications diverses de 50 à 75 % du bénéfice total.

Voici quelques chiffres en total; ils ne fixent pas la part de chacun ni le dividende, mais ils ont leur importance.

De 1869 à 1881, le total des sommes payées par la participation s'est élevé à 1,272,228 fr. 10 c., et donne ainsi une moyenne annuelle de 97,863 fr. 70 c. Pour les trois années 1882, 1883, 1884, la participation s'est élevée à 559,789 fr. 10 c., soit en moyenne 186,596 fr. par année, et dans cette dernière période, l'augmentation des bénéfices généraux n'a été que de 23 %. Je puis encore ajouter, d'après les déclarations de M. Laroche-Joubert à la commission d'enquête, que la somme de 186,596 fr. 33 c. s'est ainsi partagée :

117,865f 40 aux employés supérieurs et chefs de service;
41,311 22 pour la part des salaires;
27,419 71 pour le capital et les dépôts des participants;

en dehors de l'intérêt de 4 % attribué par avance au capital et à ces dépôts.

M. Laroche-Joubert manifeste en toute occasion la plus grande satisfaction du système qu'il pratique.

Aujourd'hui, le personnel possède une partie considérable des titres de la Société. L'autorité reste entière aux mains des gérants.

Il me serait possible et bien facile de citer encore des exemples pleins d'intérêt; mais cela m'entrainerait trop loin et du reste ces exemples confirmeraient simplement ce fait, important sans doute, que quelques personnes ont appliqué la participation avec succès, — le fait est suffisamment démontré. D'après le *Bulletin de Participation*, nous en avons quatre-vingts. Ce chiffre est discutable [1]. Je l'ai déjà dit en signalant qu'une participation indéterminée était une gratification. Je puis le démontrer même pour une partie de ceux qui figurent parmi les exploitations qui ont fixé un taux de répartition : MM. Mame et Cie donnent une commission sur la vente; la Compagnie d'Orléans distribue une gratification absolument en dehors de ses bénéfices; le Bon Marché attribue à une élite de son personnel une part de ses bénéfices, mais très généralement il se borne à donner une prime sur les ventes, etc. Mais je ne veux pas entrer dans la discussion de détails, au sujet du classement de l'état qui nous est présenté; je puis l'admettre sans exception, il ne saurait m'embarrasser dans les objections qui bientôt suivront cet exposé.

La participation aux bénéfices a de nombreux admirateurs; la pensée qu'elle représente est éminemment sympathique, les hommes les plus distingués y applaudissent. La Société qui a

[1] Au chapitre IV, j'ai dû discuter ce point, à propos du projet de loi présenté à la Chambre des députés.

pour but son étude a tenu l'année dernière, à la date du 15 mars, sa douzième assemblée générale à l'hôtel Continental; elle était présidée par M. Jules Simon, ayant à ses côtés deux anciens ministres des plus éminents, MM. Léon Say et Waldeck-Rousseau; MM. Ch. Robert, président de la Société, Goffinon, vice-président, Frédéric Dubois, trésorier, et A. Trombert, secrétaire, complétaient le bureau.

Sur l'estrade et dans la salle, on remarquait des hommes qui sont connus par leur mérite et leur dévouement aux questions sociales : MM. J. Siegfried, Laroche-Joubert, Emile Cheysson, Welche, ancien ministre, Mozet, Audéoud, Lalance, Piat, F. Clavel, Fitsch, le pasteur Arboux, Emile Chevalier, etc.

La presse avait envoyé à cette assemblée de nombreux représentants : *le Temps, les Débats, le Moniteur universel, le Petit Journal, le Petit Parisien, la République française*, etc. Ces journaux ont fait un compte rendu de la très brillante séance.

M. Ch. Robert a rappelé les faits qui ont marqué le Congrès de la participation. MM. Léon Say, Jules Simon, Waldeck-Rousseau, ont formé des vœux pour le succès de la participation. On sait avec quel talent.

On voit par ce qui précède que rien n'a fait défaut à la participation pour réussir. Elle a eu en Leclaire un initiateur puissant, généreux, comme on n'en saurait trouver ; en M. Ch. Robert un apôtre infatigable, toujours sur la brèche, un croyant éloquent, un maître éminent qui depuis plus de douze années n'a pas cessé un seul jour de travailler à son œuvre. Il a réussi à nous présenter de brillants exemples, —nous en avons décrit quelques-uns ; son système est honoré des plus flatteuses approbations, il reçoit les encouragements des personnages les plus en vue ; des hommes considérables, les orateurs les plus renommés forment pour le succès du système les vœux les plus ardents, la presse de tous les partis s'unit aux orateurs, et malgré tous ces efforts, malgré tous ces encouragements, M. Jules Simon, dans cette réunion brillante du 15 mars dernier, que nous venons de rappeler, a pu dire, en suppliant les personnes qui se préoccupent des difficultés actuelles d'étudier ce moyen de pacification sociale :

« La participation aux bénéfices n'a pas encore été pratiquée en grand. »

## CHAPITRE II

### OBJECTIONS

Combien d'ouvriers profitent-ils de la participation ; combien en dehors? — Contrôle du bilan par les intéressés. — Dangers qu'il présente. — Proportion des maisons qui réalisent des bénéfices. — Bénéfices de l'industrie houillère. — Concurrence. — Spéculation. — Difficultés pour fixer le tantième de la répartition. — Difficultés pour en régler l'emploi. — Comparaison de la situation d'ouvriers de même mérite employés dans des industries similaires, les unes prospères, les autres malheureuses. — Injustices. — Nouveaux dangers. — Des sociétés coopératives de production ; l'ouvrier actionnaire. — Souvenirs de 1848. — Situation actuelle des sociétés de production.

Nous avons cherché à préciser l'origine du mode de rémunération complémentaire du travail, désigné sous le nom de participation aux bénéfices ; nous avons indiqué les résultats obtenus, après cinquante années d'efforts, appuyés sur les meilleurs exemples ; nous avons vu combien était variée l'application du système dans la part accordée aux ouvriers, dans l'emploi de cette part ; nous avons décrit les mesures variées pratiquées par les partisans de ce mode spécial de rémunération ; nous avons dit l'appui que ce système avait reçu d'hommes éminents, les vœux formulés par de puissants orateurs, par la presse. Cependant le principe nouveau ne se vulgarise pas, l'industrie le repousse, et nous devons constater, avec une autorité très sympathique à la participation, celle de M. J. Simon, que le système n'a pas encore été appliqué en grand. Nous avons le vif désir de fixer les idées sur les résultats obtenus, nous chercherons, dans ces vues, à établir numériquement, pour quelques industries, le nombre d'établissements qui restent en dehors du système, comparativement à ceux qui le pratiquent; ces chiffres ne peuvent être absolus, mais ils éclaireront le fait que nous cherchons à préciser.

Nous avons indiqué, d'après le *Bulletin de la participation* de l'exercice 1890, que le chiffre des maisons qui l'ont appliquée, s'élevait à 222, dont 80 en France ; c'est là le modeste résultat de cinquante années d'efforts. Nous ne savons pas le nombre d'ouvriers employés dans ces maisons, nous ne le chercherons pas, ce serait beaucoup de l'évaluer à 25,000 ; mais chacun dira avec nous combien il est insignifiant en présence du chiffre de 9,101,969 ouvriers qui nous est donné comme chiffre officiel, dans l'exposé des motifs récents du projet de loi sur les retraites ouvrières, que le gouvernement va soumettre aux pouvoirs publics.

Nous avons recherché le nombre de maisons qui exploitent à Paris la peinture, l'imprimerie, la mécanique et la serrurerie. Nous avons multiplié ces nombres par dix et nous supposons que les chiffres obtenus représentent un total rapproché de la vérité pour la France entière. Nous avons ainsi : pour la peinture, 5,000 exploitations, pour l'imprimerie, 12,000, pour les mécaniciens et serruriers, 25,000. Le tableau des 80 maisons qui appliquent la participation nous apprend que, malgré le très remarquable exemple de Leclaire, 3 sur 5,000 pratiquent ce système pour la peinture, 12 sur 12,000 pour l'imprimerie ; 8 sur 25,000 pour la mécanique et la serrurerie.

Il en est ainsi pour toutes les industries, et encore admettons-nous, ce qui n'est pas, que les 80 maisons citées appliquent toutes la participation ; mais cette concession ne donnera que plus de force à nos observations et d'autant plus, que nous maintenons dans le chiffre de 80 les assurances, les banques, les agents de change et les grands magasins, bien que dans ces maisons il ne puisse être question d'ouvriers, qui cependant ici sont notre unique objectif.

Dans une étude que nous avons présentée en 1890, au Congrès des sociétés savantes [1], nous avons indiqué les objections qui nous ont paru les plus graves au système, nous allons les rappeler, les résumer ou les étendre, suivant leur caractère.

Le tableau général présenté par la Société de participation nous a montré que quatre maisons sur quatre-vingts accordaient aux ouvriers le droit de vérifier leur bilan. C'est là un acte de justice. En effet, dès qu'un chef d'industrie déclare à ses ouvriers qu'il leur accorde une part sur les bénéfices, que

[1] *Des divers modes de rémunération du travail.* Guillaumin et C^ie, éditeurs.

cette part sera de tant pour cent, que les ouvriers l'acceptent, et par ce fait précisent une convention, un contrat, ce contrat implique la vérification du bilan et, comme on l'a indiqué dans les résolutions votées par le Congrès de la participation en 1889 [1], la participation ne peut être organisée que là où il y a une comptabilité complète régulièrement tenue. Un arbitre-expert nommé chaque année en assemblée générale par les participants sera chargé du contrôle. M. Goffinon, qui prêche d'exemple du reste, a soutenu ces dispositions ; j'assistais à la séance, l'unanimité les a accueillies. Ce fait est important à rappeler.

Jusqu'ici le contrôle n'a donné lieu à aucun trouble ; il peut en être ainsi un certain temps, si la prospérité se maintient. On doit espérer également que les ouvriers donneront ce témoignage de confiance et de respect aux chefs d'industrie qui leur ont accordé ce privilège ; mais on peut douter qu'il en soit toujours ainsi, bien que ce contrôle soit jusqu'ici une exception. On conçoit parfaitement que les industriels les plus dévoués au système puissent hésiter à l'accorder ; s'ils s'y opposaient, l'ouvrier perdrait toute confiance, car, s'il y a contrat, son droit serait méconnu. Je sais que l'expert nommé se borne à déclarer que tout est en bon ordre ; mais ce que l'on appelle le bon ordre, pour les uns, peut être le contraire pour d'autres. Un bilan est une chose grave pour un industriel ; plus que jamais il doit faire des réserves pour améliorer son outillage, puisque les progrès dans l'industrie sont constants, et aussi, que notre outillage est souvent inférieur à celui des autres nations, principalement à l'outillage américain ; plus que jamais, il doit amortir son matériel, puisqu'il est exposé à le renouveler très souvent ; plus que jamais, il doit conserver intact son fonds de roulement, qui seul lui garantit le bon fonctionnement de sa maison. Par conséquent, il doit être aussi, plus que jamais, très sévère dans la fixation du chiffre de son bénéfice. Un chef de maison n'aime pas à faire savoir au public, encore moins à ses confrères, le résultat de ses affaires ; or, qu'il fasse ou non connaître son bilan, la part d'intérêt qu'il servira à ses ouvriers, comme participation, si elle est de 10 ou 20 %, peu importe, dira toujours à tous ce qu'il aura gagné. Sa répulsion sera bien plus vive, s'il perd, car

---

[1] Congrès international de la participation aux bénéfices. Compte rendu *in extenso* des séances. Librairie Chaix, Paris.

alors son bilan compromet son crédit et peut conduire à la ruine une situation momentanément embarrassée.

On voit qu'il y a de ce côté de grosses difficultés. Elles n'existent peut-être pas au même degré pour les sociétés anonymes. Dans ces sociétés, l'actif social est seul responsable vis-à-vis des tiers, et les administrateurs ne peuvent avoir que la responsabilité des fautes lourdes ; dans tous les cas, ces sociétés doivent publier leurs bilans. Mais on peut remarquer que ce sont ces sociétés qui paraissent les plus rebelles au système de la participation ; on en compte cependant 15, en dehors des assurances et banques, sur les 80 signalées. Il convient encore d'observer, à l'égard de ces sociétés, que, si elles n'ont pas le scrupule de la publicité, puisqu'elles en ont l'obligation, elles sont peut-être plus astreintes aux réserves et aux amortissements absolus, à l'obligation de conserver intacts leurs fonds de roulement, que ne peuvent l'être des particuliers qui, en fait, sont dans une situation plus indépendante.

En dehors de cette publicité, on doit se poser cette question : l'industriel gagne-t-il toujours de l'argent ? M. Chevalier, qui a consacré tout un volume à l'étude du salariat, nous dit, en s'appuyant sur l'enquête parlementaire, touchant les questions ouvrières, que sur cent industriels [1], dix gagnent de l'argent, cinquante végètent, quarante font faillite. M. Chevalier est un auteur très sérieux qui inspire toute confiance ; mais, si le lecteur refusait d'admettre les chiffres qu'il donne, il ne saurait méconnaître que les conditions de succès, de ruine et de médiocrité existent, plus ou moins, dans l'industrie, et que la plus commune est celle des chefs de maisons dont le travail suffit simplement à la vie, qui peuvent dire tristement à la fin de leur carrière : j'ai travaillé et j'ai vécu. Ceux-là ont, au point de vue matériel, le sort qui est souvent le partage des ouvriers qu'ils occupent et, en outre, les angoisses d'un chef de maison sans prospérité, qui est toujours au bord de l'abîme. Ceux qui perdent de l'argent et font faillite sont plus malheureux encore. Dans tous les cas, les uns et les autres sont dans l'impossibilité de partager avec leurs coopérateurs des bénéfices qu'ils n'ont pas, qu'ils soient dans l'ensemble 90 % ou moins, leur nombre est toujours considérable et on peut bien conclure de cette ob-

---

[1] *Les Salaires au XIX<sup>e</sup> siècle*, 1887, introduction, page 10. Arthur Rousseau, 14, rue Soufflot.

servation, que le système de la participation aux bénéfices ne saurait, dans ces conditions fréquentes, trouver son application. On ne le voit du reste en pratique, et très exceptionnellement, que dans les maisons très favorisées par de longs succès.

L'industrie qui subit, plus que toute autre, les attaques violentes de son personnel ouvrier, est sans conteste l'industrie houillère. Il y a quelques jours à peine, M. Basly excitait les ouvriers mineurs du Pas-de-Calais à la grève générale en leur exposant les majorations considérables du prix d'origine des actions des houillères de Lens, de Vicoigne et Nœux. Les chiffres présentés par M. Basly sont exacts : de 1844 à 1891 les actions de la compagnie de Vicoigne et de Nœux ont progressé de 1,600 à 21,000 fr.; celles de Lens, compagnie fondée plus récemment, de 1,300 à 26,000 fr. Seulement, M. Basly a tort quand il ajoute : et ainsi des autres : M. Basly s'appuie sur les chiffres de M. Vuillemin, administrateur d'Aniche. C'est aussi sur les chiffres de cet ingénieur, aussi consciencieux que distingué, que je vais m'appuyer, non en choisissant des exceptions, où la persévérance dans les efforts, unie à la puissance du gîte et à sa situation économique, ont obtenu des résultats remarquables, mais en prenant les résultats financiers dans leur ensemble.

Il ne faut pas citer comme résultat général et exceptionnel, un fait ou quelques faits particuliers; il convient de mettre en regard de ces faits, ceux qui ont donné lieu non seulement à de gros mécomptes, mais à de grosses pertes [1]. Nous choisissons un document qui date de 1879, il n'est donc pas fait pour la présente discussion. Il résulte de ce document, que les bassins du Nord et du Pas-de-Calais comprennent trente-quatre concessions, que le capital immobilisé dans ces concessions s'est élevé à 346,268,296 fr. et que les intérêts et dividendes distribués en 1878-79 ont été de 13,940,530 fr. Douze de ces concessions sur trente-quatre produisent des bénéfices, les autres, au nombre de vingt-deux, ne donnent que des pertes; les vingt-deux concessions ont coûté à leurs actionnaires 90 millions. Dans tous les cas, 13,940,530 fr. représentent 4 0/0 sur l'ensemble du capital immobilisé dans les 34 concessions, voilà ce qu'il faut dire.

---

[1] Note de M. Vuillemin sur l'importance des capitaux immobilisés dans les houillères des bassins du Nord et du Pas-de-Calais et sur le rendement de ces capitaux. Décembre 1879. Paul Dutilleux, à Douai.

M. Dujardin-Beaumetz, dans ses belles études graphiques sur les exploitations houillères [1] en France, en Belgique et en Angleterre, études qui toutes sont appuyées sur des statistiques officielles, établit, pour la Belgique et la France, le nombre des exploitations en perte, comparativement à celles en gain; voici ses chiffres :

En France, pour la période de 1879 à 1885, le nombre des mines en gain a varié de 190 à 209, celui des mines en perte de 110 à 145. Nous avons vu, d'après M. Vuillemin, l'état spécial des mines en perte et en gain dans le Nord et le Pas-de-Calais. M. Dujardin-Beaumetz est, à cet égard, en parfait accord avec M. Vuillemin.

En Belgique, voici les chiffres de M. Dujardin-Beaumetz pour l'exercice 1881 : dans le Hainaut, les pertes des uns sont égales au bénéfice des autres; dans le bassin de Liége, les pertes représentent une fois et demie les bénéfices ; dans la province de Namur, les pertes sont triples des bénéfices.

Pour l'Angleterre, M. Dujardin-Beaumetz nous donne de nombreux documents, mais nous n'avons pas ceux relatifs aux houillères en perte et en gain.

On conçoit que cette industrie, la plus simple quant au produit, la plus complexe par les difficultés qu'elle présente, difficultés seulement connues des ingénieurs qui sont aux prises avec elles, ait été jugée la plus facile à attaquer; ses troupes sont faciles à réunir, la guerre faite par cette armée peut être fatale, et si on la mène habilement, on peut espérer le succès de cette dangereuse manœuvre. Mais au moins nous devons chercher à éclairer les hommes de bonne foi que cette question préoccupe et nous croyons qu'ils sont nombreux. C'est encore M. Vuillemin que nous allons citer.

En 1883, cet éminent ingénieur a publié une note traitant de la propriété des mines; il indique sa base ; liée, en Angleterre, à la propriété du sol; dans tous les autres pays, formant une propriété spéciale. Il établit, pour la France entière, quel est le nombre des concessions, le chiffre de celles qui n'ont occasionné que des pertes, celui de celles qui ont rémunéré les capitaux engagés; il donne ces documents, puisés dans notre belle et complète statistique de l'industrie minérale, publiée par le ministère des travaux publics, non seulement pour la houille,

[1] E. Bernard et C^ie^, éditeur, 71, rue de la Condamine, Paris.

mais pour tous les minerais, le sel gemme et les substances diverses.

Le nombre des concessions accordées est de 1,332, leur surface de 11,180 kilomètres carrés.

Les concessions exploitées sont de 526, celles non exploitées de 806. Ces dernières ont englouti des capitaux importants, et l'Etat, en accordant ces concessions, n'a donné aux fondateurs d'autre privilège que celui de perdre leur argent.

Quant aux mines en activité, je parle des 526 exploitées : 296 sont en gain en 1880, 230 sont en perte ; les mines en gain ont à leur profit 47,650,679 fr., les mines en perte sont frappées d'un déficit de 7,795,523 fr.

En résumé : 1,332 concessions de mines diverses donnent 296 mines en gain, soit 22 %, 230 mines en perte, 17 %, et 60 % de concessions abandonnées après de grosses dépenses infructueuses. L'action individuelle fait donc des efforts notables pour mettre en valeur la richesse minérale du pays, et souvent à son grand préjudice.

Nous avons vu plus haut que les houillères des bassins du Nord et du Pas-de-Calais avaient donné, en 1879, année prospère, un bénéfice moyen de 4 % et que ces houillères, en moyenne également, avaient immobilisé un capital de 346 millions, correspondant à 40 fr. par tonne de houille extraite annuellement. Si l'on admet le même chiffre d'immobilisation pour les autres houillères de France ou pour l'ensemble des houillères qui produisent aujourd'hui un minimum de 22 millions de tonnes, on a un capital de 880 millions à rémunérer [1]. En 1879, le bénéfice réel des houillères a été de 38 millions. L'intérêt est donc en moyenne de 4,3.

Quelle est la part que cette industrie peut attribuer à la participation? Il est clair que tout le travail qui n'a produit aucun bénéfice n'en donnerait jamais et que, pour les concessions en gain, la part serait, évidemment et à la fois, fort mince et très variable.

Entreprendrons-nous de la fixer? Il nous paraît sans utilité de le faire. Nous n'avons eu qu'un but, en entrant dans tous ces détails au sujet de l'industrie des mines, c'est de donner le témoignage que le gain des mines est faible, que les grèves gé-

---

[1] Ce chiffre est faible, plusieurs auteurs, et M. Vuillemin lui-même, l'estiment à un milliard, ce qui réduirait l'intérêt moyen à 3.8 % pour 1879.

nérales, qu'on tente et qu'on arrive à réaliser, ne sont pas souvent motivées, qu'il ne faut pas chercher des résultats exceptionnels, qui existent partout, pour en faire des règles générales. Mais il sera très utile et indispensable de voir de très près ce que les compagnies houillères ont su faire spontanément pour leur personnel ouvrier. Nous traiterons cette question au cours de cette étude.

Nous ne pouvons pas entrer, pour toutes les industries, dans un examen aussi détaillé que celui que nous venons de faire spécialement pour les houillères ; mais nous pouvons dire, avec la certitude de ne pas être démenti, que jamais la concurrence n'a été aussi vive qu'elle est dans les temps présents, et qu'aujourd'hui tous les produits que je qualifierai de *classiques* se traitent, sur le marché, à des prix qui ne laissent quelques bénéfices qu'aux privilégiés, soit par une situation économique particulièrement favorable, soit par des mérites de direction absolument supérieurs. Dans cette situation et pour ces produits, les bénéfices sont maigres et souvent sensiblement inférieurs au taux normal de l'intérêt de l'argent, d'autant plus qu'à aucune époque on ne s'est trouvé aussi obligé de suivre les améliorations incessantes de tout ce qui se rattache aux progrès, soit pour les moteurs, soit pour la technologie de chaque industrie. Le bénéfice — ce mot revient trop souvent sous notre plume, mais il faut bien en parler, puisque c'est lui qui est toujours en question — paraît réservé aux industries qui ont la bonne fortune de sortir des produits classiques, ceci d'une manière générale, et dès lors les procédés, les moyens, avec lesquels on les conduit au succès, sont naturellement l'objet de soins jaloux, qu'on défend avec habileté, dans tous les cas, qu'on n'est pas disposé à mettre sous les yeux du public et qu'on conserve pour soi.

Il faut bien reconnaître encore que nous vivons à une époque où la spéculation joue dans les affaires un rôle important ; les capitaux qui sont affectés à ces opérations n'améliorent pas le sort des producteurs, ils rendent leur action dépendante de leur puissance, qui vise quelquefois à l'accaparement et vient alors compromettre les résultats mérités des efforts de nos fabricants. Il arrive parfois, et on l'a vu dans ces derniers temps, que les fabricants eux-mêmes s'unissent à ceux qui jouent ainsi avec les éléments de la fortune publique et se perdent avec eux [1].... Dans ces conditions, le bénéfice devient un jeu et tous ceux qui s'y livrent ne songent guère aux travailleurs; il est rare, du reste, qu'ils en aient directement sous leurs ordres, mais, indirectement, ils les font inconsciemment souffrir. Je dois ajouter que je n'entends pas attaquer ici la spéculation quotidienne, qui conduit un industriel ou un négociant à s'approvisionner des matières premières utiles à son industrie ou des produits manufacturés utiles à son commerce, aux conditions qui lui paraissent les plus favorables. Je ne touche que bien légèrement même à celles qui paraissent un simple jeu, mettant en mouvement des intérêts qui peuvent être utiles, mais j'attaque, sans aucun ménagement, les spéculations qui ont pour but l'accaparement de toute matière utile à la vie ou à l'industrie. Nous devons mépriser ces agissements criminels. Nous retiendrons seulement, de ce qui précède, que les effets de la concurrence loyale, si vive qu'elle puisse être, ne sont pas de nature à donner de gros bénéfices, que cette concurrence est générale et qu'alors la participation ne saurait présenter un grand intérêt.

On nous assure que la participation aux bénéfices résoudrait les difficultés présentes. J'avoue que je crois tout le contraire. Mais, me dira-t-on, la paix la plus complète existe entre les patrons et les ouvriers qui jouissent de ce bienfait; ouvrez les yeux et vous serez convaincu. Je ne veux pas douter de ce résultat, qui n'est pas admis par tous [2], mais il ne me prouve rien. M. Bord, fabricant de pianos à Paris, a donné successivement 20, 50 et 100 % de ses bénéfices à ses ouvriers et a fini par fermer sa maison. Je n'en tire pas conclusion. J'aime mieux dire, ce qui est vrai : on peut trouver facilement une exception sur mille. Les hommes qui appliquent sincèrement la participation ne sont pas seulement des disciples de l'Ecole participationniste, ce sont tous des patrons animés des sentiments les plus dévoués pour la classe ouvrière, et pour eux, la participation répond à ce sentiment; ils sont ainsi en communion d'idées avec leurs ouvriers et tout va bien. Une exception d'un ou deux sur mille n'est pas une règle, et d'ailleurs très générale-

---

[1] Le travail et ses épreuves, A. Gibon; voir la *Réforme sociale* du 16 janvier 1889.

[2] Voyez *La participation et le malentendu social*, E. Brelay. Guillaumin et Cie.

ment, en France du moins, la participation n'est pas venue comme un remède à un mal, mais comme le complément de rapports déjà excellents. Ce ne seraient pas ces conditions de parfaite harmonie qu'on trouverait, si le système devenait une règle générale; on n'aurait plus affaire à ces hommes d'élite comme patrons et ouvriers, car les hommes d'élite patrons ont toujours des hommes d'élite ouvriers ; mais on aurait affaire à la masse des patrons et à la masse des ouvriers. Or, nous voyons, dans le tableau dont j'ai déjà parlé, que la participation est souvent au-dessous de 5 %, qu'elle est de 20, 30, 50 et 75. Pourquoi les ouvriers ne discuteraient-ils pas ces chiffres? Pourquoi n'ambitionneraient-ils pas d'avoir au moins 50 % partout? Je ne vois pas là de raisons. D'un autre côté, nous avons vu l'emploi varié de cette participation, souvent appliquée à des œuvres mutuelles, à des pensions, à des retraites, et ce sont là, d'après nous, les meilleures applications qu'on en puisse faire. Pourquoi donc les ouvriers n'exigeraient-ils pas que le tout leur soit remis en argent? Cette part est à eux, ils prétendront qu'ils peuvent en faire ce qu'ils jugent le plus convenable à leurs intérêts et même le plus agréable à leurs goûts; qu'ils sont majeurs et libres, que personne n'a le droit d'appliquer, à telle œuvre que ce soit, si parfaite qu'on puisse la juger, un argent qui leur appartient. On résistera peut-être quelque peu, mais on faiblira, on discutera et on finira certainement par céder.

Dans tous les cas, il y aurait dans ces prétentions autant de raison qu'il peut y en avoir dans les revendications actuelles, qui, toutes, ont un double objectif : travailler moins, gagner plus et disposer à sa guise du plus qu'on peut obtenir, que ce plus soit du salaire direct ou indirect. Dans ces luttes si graves, si compromettantes pour les intérêts généraux, jamais on ne songe au pays. On ne pense qu'à soi, on compromet tous les intérêts, et personne n'y songe.

On voit donc clairement, je crois, que la discussion du tantième du bénéfice et de l'emploi de ce bénéfice peut causer de grands dangers, au moins égaux à ceux qui existent aujourd'hui.

Nous voulons supposer que la participation deviendra un jour un élément du salaire, nous oublierons un moment qu'elle est impossible du fait de toutes les raisons que déjà nous avons données. Dans cette hypothèse, quelle en serait l'importance?

Elle sera certainement très faible. Le salaire actuel, dont nous démontrerons les mérites, sera toujours, quoi qu'on fasse, l'élément capital du gain de l'ouvrier, par cette seule raison que le gain quotidien est indispensable à la vie de chaque jour du travailleur et de sa famille ; la participation pourra devenir l'élément de la retraite, ce sera le point de discussion le plus vif ; ce sera le produit le plus variable, le plus injustement variable ; il ne répondra jamais à la peine, il répondra à la chance. Ce n'est pas l'ouvrier qui aura le plus et le mieux travaillé qui la recevra, ce sera celui qui, par le hasard, fera partie du personnel d'une mine riche, d'une industrie prospère, très bien placée au point de vue économique, très bien dirigée au point de vue commercial : tous éléments de succès auxquels l'ouvrier est profondément étranger. Celui qui sera dans une mine ou dans une exploitation industrielle qui perdra de l'argent, soit parce que l'organisation de l'exploitation aura été mal conçue, soit parce qu'elle sera dans des mains incapables, celui-là aura beau travailler comme un nègre, il n'aura rien, puisque l'affaire ne produira rien. Et c'est dans ces conditions qu'on espère trouver la paix sociale ? Mais ces conditions sont souverainement injustes, c'est la guerre sociale que l'on prépare, et on donne à l'armée des travailleurs des armes terribles pour la déclarer.

J'ai encore à discuter un point important, très important. La participation a la prétention de préparer le personnel ouvrier à devenir le successeur du patron, soit sous la forme de commandite simple, soit comme association coopérative de production. Ainsi voilà qui est dit : la participation conduit à la société coopérative de production [1].

Quelques patrons, généralement mus par les sentiments les plus nobles, ont cherché et réussi à former des sociétés qui paraissent ou, pour éviter toute discussion, qui ont le caractère de sociétés coopératives de production (je concède cette prétention pour pouvoir la discuter, mais je la conteste absolument). Ils ont appuyé leur organisation nouvelle sur des établissements en parfaite prospérité ; ils en ont conservé la direction absolue pendant tout le temps qu'ils ont jugé utile ; puis ils en ont dirigé la transformation en l'appuyant sur une auto-

[1] *Congrès international de la participation aux bénéfices.* Résolutions, pages 267 et suivantes. Librairie Chaix.

rité que personne n'avait à discuter, autorité non seulement sur le personnel, mais sur l'administration entière, sur tout ce qui constitue les éléments de succès d'une affaire. Je veux admettre que le succès a été complet, qu'il reste complet, et, si l'on veut, qu'il restera complet, autant qu'on respectera l'organisation établie par les hommes de mérite divers qui ont fondé ces institutions. Ce résultat permet-il d'espérer que le succès suivra les sociétés coopératives de production et d'admettre ce principe que la participation conduit à la société coopérative de production? Où et comment sera-t-il possible de réaliser les conditions de succès qui se trouvent ici si heureusement réunies? Et tout d'abord, si la participation conduit à la société de production, il faut absolument que la participation existe, qu'elle soit un contrat ferme, absolu; qui aura la témérité d'engager l'ouvrier à confier sa part de participation, c'est-à-dire ses seules économies, dans l'industrie; faire de l'ouvrier un actionnaire, quand l'industrie ne présente que des gains limités, variables, incertains et souvent des pertes? On ne peut changer la nature des choses : il y a des maisons prospères et des maisons malheureuses, beaucoup plus de malheureuses que de prospères. Exposerez-vous cet argent à des pertes probables, quand il pourrait assurer le pain des vieux jours? Qui l'oserait? Parce que le succès aura favorisé quelques-uns, en conclurez-vous qu'il conduira toute la classe ouvrière à la fortune? La participation met sous nos yeux, en France, quatre ou cinq succès de ce genre que nous acceptons sans les discuter, est-ce là un point d'appui solide? Ne se souvient-on pas des sommes importantes que l'Etat a mises à la disposition des ouvriers en 1848, en vue de l'organisation des sociétés de production? Toutes ces sociétés ont sombré, à l'exception d'une seule, la Société des lunetiers, admirablement organisée, qui montre à tous ce qu'il faut de savoir pour arriver au succès; mais tous n'en sauraient profiter, et l'exception, la très minime exception, a su en tirer quelque profit.

Il est juste de dire que ce qu'il faut savoir faire pour réussir est considérable. Il est, en vérité, singulièrement étrange de voir combien on juge le succès facile, quand on n'est pas aux prises avec les difficultés; on croit aisément, dans certains milieux, que l'industrie est toujours la fortune. La réalité est qu'elle n'est la fortune que pour les gens habiles et courageux, qui savent la conduire; les bénéfices continus dans l'industrie n'existent pas, du moins les exemples en sont très rares, et ce ne sera jamais d'un cœur léger que nous verrons des ouvriers économes confier leurs épargnes, si péniblement conquises, à une industrie, si simple qu'elle soit, et, *a fortiori*, à une industrie compliquée. Jamais nous n'oserions prendre la responsabilité d'un semblable conseil, encore moins d'une semblable action. Les questions économiques, techniques, commerciales, en dehors de beaucoup d'autres, ont trop d'empire sur le succès d'une affaire, pour que nous puissions engager des ouvriers à y placer leur argent. Cet argent a pour nous un caractère sacré, il doit être conservé et par conséquent placé en valeurs de tout repos. C'est là, au moins, notre sentiment profond. Sans doute, il est parmi les ouvriers des hommes de génie, des hommes de race, qui savent se faire une place dans le monde ; personne ne saurait les arrêter, et quant à nous, toujours nous serons les premiers à les applaudir ; pour ces hommes, il n'y a pas de règle, ils vont au succès quand même. Mais ici, nous parlons pour la masse des ouvriers, et cette masse mérite les conseils de la sagesse, de la prudence, elle est trop faible pour exposer le fruit de ses labeurs aux hasards de l'industrie.

Nous ne méconnaîtrons pas cependant les efforts qui ont été faits pour conduire au succès des sociétés coopératives de production. Nous trouvons la mesure de ces efforts dans le compte rendu d'un banquet présidé par M. Floquet, qui a été publié dans l'*Economiste français* le 24 mai 1890.

D'après cette revue, on peut compter en France cinquante sociétés ou tentatives diverses inspirées par la coopération. Ces sociétés sont parvenues à organiser une Chambre consultative des associations de production ; cette Chambre comprend vingt sociétés. En dehors d'elle on en compte une dizaine indépendantes et vingt associations diverses.

En général, ces sociétés sont peu nombreuses : plusieurs comptent moins de dix membres, d'autres en ont une vingtaine. La plus importante, comme nombre d'ouvriers, est sans contredit celle des charpentiers de la Villette [1], qui comprend 190 membres ; son capital s'élève à 100,000 fr. Cette société est très solidement organisée, on y respecte l'autorité du chef. Elle a tra-

---

[1] *Réforme sociale* des 1er et 16 janvier 1891 ; les Charpentiers passants du Devoir, par M. P. du Maroussem.

versé de rudes épreuves, mais elle a su résister, elle y a conquis sa force et ses succès.

La société la plus puissante est celle des lunetiers, fondée en 1848 avec l'appui de l'Etat et qui seule, des nombreuses sociétés fondées à cette époque, a eu l'honneur de survivre, par les motifs que déjà nous avons indiqués. Cette société compte 110 membres, son capital est de 1,700,000 fr.

Diverses autres sociétés de production ont le nombre de membres et les chiffres de capital que nous allons indiquer :

| | | |
|---|---|---|
| Ferblantiers . . . . | 102 membres, | 125,000 fr. de capital. |
| Tailleurs . . . . . | 158 — | 115,000 — |
| Imprimerie nouvelle . | 1000 — | 200,000 — |
| Facteurs d'instruments. | 35 — | 153,000 — |
| Ouvriers en limes . . | 23 — | 155,000 — |

Tels sont, en résumé, les résultats obtenus et ces chiffres donnent les plus brillants : c'est fort médiocre ; ce sont des exemples, ce ne sont point des institutions. Ces sociétés pourront se développer, le développement ne se fera pas en un jour. A cet égard, il ne faut rien forcer, montrer les chiffres, encourager, mais laisser agir. Dans tous les cas, ces faits exceptionnels ne sauraient servir de base à la solution des difficultés présentes ; si cette solution existe, c'est ailleurs qu'il faut la chercher.

Cependant, avant de nous occuper de cette partie importante de notre travail, nous allons voir les avis des écrivains et des manufacturiers qui, en France et à l'étranger, ont étudié la participation aux bénéfices. C'est là un point fort intéressant de cette étude.

# CHAPITRE III

## CONSULTATION

Opinions favorables : John Stuart Mill, H. Fawcet, John Prince Smith, docteur Böhmert, docteur Engel, Ch. Robert. — Opinions défavorables : John Prince Smith, Max Weigert, Frédéric Koll ; avis d'un industriel de Saxe ; avis d'un ouvrier de Tchleswig ; M. Moschele ; docteur Brochert ; P. Leroy-Beaulieu ; Cernuschi ; Maurice Block ; Emile Muller ; Léon Sahler ; Ernest Brelay ; observations sur différents auteurs : de Courcy ; E. Levasseur ; Léon Say ; Sieyès.

Après avoir passé en revue les diverses objections qui s'opposent à la vulgarisation de la participation aux bénéfices, il est utile de placer sous les yeux du lecteur les opinions diverses des écrivains qui ont défendu ou attaqué cet adjuvant de la rémunération du travail. Cet examen nous sera facilité par l'étude de M. Böhmert, traduite si fidèlement et si bien complétée par M. Albert Trombert ; nous y ajouterons nous-même de nouveaux documents.

Commençons par les avis favorables au nouveau système en résumant, avant tout, les travaux des étrangers.

Nous constatons d'abord que, dans la période de 1885 à 1890, l'Angleterre a réalisé un certain nombre d'applications nouvelles ; leur nombre passe ainsi de 8 à 49. C'est dans le Bulletin de la Société fondée en 1878 que nous trouvons ce renseignement.

John Stuart Mill, dans les *Principes de l'Economie politique*, publiés en 1873, expose cet avis : que dans l'état actuel du salariat, l'ouvrier n'a d'autre intérêt que celui d'obtenir son salaire moyennant la plus petite somme possible d'efforts. C'est là, dans notre opinion, une déclaration inexacte : elle peut être réelle pour des ouvriers à la journée, qui ne sont pas sérieusement surveillés et auxquels on ne fixe pas une tâche ; mais elle est absolument fausse pour les ouvriers à la tâche et plus encore pour ceux qui reçoivent des primes pour la quantité et la qualité de leur travail, et c'est le cas le plus ordinaire dans l'industrie. Mais J.-S. Mill, poursuivant sa thèse, ajoute que la situation d'ouvrier salarié se restreindra insensiblement à la seule classe des travailleurs dont l'état intellectuel et moral serait incompatible avec une position plus indépendante, et que l'association entre les capitalistes et les ouvriers est la forme de l'avenir. Cet auteur donne un exemple d'une association de ce genre en Cornouailles; il cite aussi l'exemple de Leclaire et fait remarquer que l'exemple de ce peintre en bâtiments a été imité avec beaucoup de succès et sur une vaste échelle par d'autres industries à Paris. Ceci était écrit en 1873. Nous avons dit qu'en 1885, 49 maisons en France appliquaient la participation; nous en avons 78 en 1890, parmi lesquelles trois peintres en bâtiments sur 5,000 maisons, qui, en France, exploitent cette industrie. Ce n'est pas là un résultat brillant et c'est un fait en contradiction absolue avec les espérances de J.-S. Mill.

M. H. Fawcet, un éminent économiste anglais, reconnait les services que les tribunaux de conciliation et d'arbitrage [1] peuvent exercer pour résoudre les différends qui se produisent entre patrons et ouvriers; mais il juge que le salaire ne doit pas constituer l'unique rétribution des ouvriers et croit qu'on doit leur attribuer une part des bénéfices. Il fait l'éloge mérité de la maison Leclaire, il décrit le mode de participation adopté par MM. Briggs et C^ie^. On sait que cette tentative a complètement échoué. Toutefois, M. Fawcet entrevoit le jour où les ouvriers administreront eux-mêmes les entreprises qui les occupent et en posséderont tout le capital. L'ouvrage de M. Fawcet est écrit depuis dix-sept ans!

La participation, en Suisse, n'a guère progressé. Depuis 1885 elle a passé de 12 à 14, et cependant on y trouve quelques exemples vraiment remarquables; c'est toujours l'exception qu'on peut encourager, mais on a le tort de vouloir en faire la règle.

L'exemple le plus sérieux est fourni par la maison Billon et saac, fabricants de boites à musique, près de Genève. Cette maison distribue à ses ouvriers 50 % de ses bénéfices, moitié

[1] Voir *La paix des ateliers*, A. Gibon. Guillaumin et C^ie^.

en espèces, moitié consacrée à l'acquisition de titres de l'entreprise. Les gérants de cette maison déclarent que l'application de cette rémunération a conduit leurs ouvriers à l'épargne. Tous deviennent propriétaires de parts de l'entreprise; les 50 % correspondent, en général, à 20 % du salaire. On en a conclu, dans cette maison, que la participation améliorait la situation économique de l'ouvrier, et qu'elle pouvait exercer sur eux une influence morale plus favorable encore. Nous ne le méconnaissons pas, mais ces résultats vulgarisent-ils la participation? Nullement. A tort ou à raison, l'industrie n'en reconnait pas les bienfaits, et nous donnerons des exemples où elle est refusée par les ouvriers eux-mêmes. Il est naturel, du reste, que ceux qui la pratiquent la louent; parce que, dans leurs mains dévouées, elle donne des résultats. Notons ici que l'application de moitié des bénéfices à l'achat de titres de l'entreprise est obligatoire. On relève que les ouvriers de cette maison se montrent très dévoués à leur travail; ceci peut être, mais ce fait prouve simplement qu'avant la participation, le salaire était mal organisé, car un ouvrier qui est payé à la tâche et intéressé avec intelligence à son travail, remplit parfaitement un devoir qui se trouve en parfait accord avec son intérêt.

La maison Isaac et Billon a tous les mérites. Le docteur Böhmert lui reconnait encore celui d'unir tous les intérêts, d'éviter les grèves, les tribunaux d'arbitrage, de développer l'instruction économique, d'être supérieure à tous les autres modes de rémunération du travail, de créer la solidarité, l'épargne obligatoire, la copropriété de l'actif social; c'est le remède à tous les maux de la société; elle offre un soutien et des avantages particuliers dans les temps de chômage et de crise. Il est peu fondé, du reste, ajoute l'auteur, que la participation ait pour conséquence l'immixtion des ouvriers dans la comptabilité et la direction de l'entreprise; le système peut s'appliquer aux affaires les plus considérables, dit-il, puisque la maison Leclaire l'a appliqué. Enfin, les chefs de cette maison ne jugent pas que le niveau intellectuel et moral de leurs ouvriers soit supérieur au niveau général des ouvriers genevois.

On ne saurait faire un tableau plus séduisant. La maison Isaac et Billon répond à toutes les objections. Elle pratique ce système depuis vingt ans et l'institution reste à l'état d'exception. C'est là un fait qu'il faut bien constater.

La Prusse donne aussi son avis sur la participation aux bénéfices, bien que dans ce riche pays industriel, ce mode de rémunération du travail ne présente que huit applications et que ce nombre n'ait pas varié d'une unité depuis 1885. C'est le docteur Engel, directeur du bureau royal de statistique de Prusse, qui va nous exposer que la participation est la solution, la seule solution du problème social; son rapport sur cette question date de 1867. Il est vraiment heureux d'avoir à relever l'opinion d'hommes considérables et d'en rapprocher les faits, qui démontrent bien mieux qu'aucun raisonnement les illusions regrettables qui surprennent les imaginations vives et les cœurs généreux.

Le docteur Engel n'est pas heureux : il s'appuie sur la tentative de la maison Briggs, tentative qui devait non seulement donner à l'ouvrier et à sa famille la satisfaction régulière des besoins de la vie, mais encore assurer l'existence des siens. Le système prôné par le docteur Engel est l'*industrial partnership;* il devait se développer rapidement, et son adoption présentait, suivant l'auteur, le caractère d'une œuvre *éminemment politique.* L'Etat devait intervenir pour établir l'accord, estimer la valeur des exploitations industrielles, veiller à la transformation régulière des formes d'entreprises qui protégeront les ouvriers contre toute exploitation, les entrepreneurs contre tout dommage. La question sociale, ajoutait l'auteur, n'est plus une question, elle est résolue. Tout le monde connaît l'échec de la maison Briggs et personne n'a d'illusion sur l'avenir de la participation aux bénéfices en Angleterre. C'est M. le docteur Engel qui a été le promoteur du système en Allemagne; on sait ce qu'il a produit, depuis 1867, date de son rapport : on peut dire rien.

En France, c'est M. Ch. Robert qui est l'apôtre de la participation, il en est l'âme; d'un esprit élevé et libéral, il repousse l'intervention de l'Etat. Il a bien dit un jour [1] : inscrivons dans nos codes le principe de la participation, mais sitôt après, il a ajouté le correctif : « tout en permettant aux conventions particulières entre patrons et ouvriers de déroger à ce système. » Depuis, et notamment au Congrès de 1889 [2], il ne peut y avoir

[1] *L'Emancipation*, numéro du 15 novembre 1886.
[2] Librairie Chaix, 20, rue Bergère.

de doute, M. Ch. Robert repousse toute intervention de l'Etat. Les lois n'ont pas à intervenir dans ces questions. La liberté, incitée par les faits, fera ce qu'elle pourra; nous avons vu jusqu'ici les résultats. Nous avons loué M. Ch. Robert de ses efforts, et si nous faisons des réserves formelles, ce n'est certes pas sur les intentions, c'est parce que ce système est à la fois dangereux et injuste. Nous allons en juger en exposant les opinions des écrivains et des praticiens qui, à leur tour, présentent les arguments contre son application.

M. John Prince-Smith [1] critique le système appliqué par MM. Briggs, qui menace l'autorité de la direction, en exposant le capital à passer dans les mains des ouvriers et de ces mains dans celles d'un public ignorant des difficultés de l'industrie; il juge les ouvriers incapables de contrôler une entreprise qui fonctionne avec des millions de capitaux et les éléments qui concourent à la détermination d'un dividende. Les apôtres de l'*industrial partnership* auraient fait une grande découverte, dit cet auteur, s'ils avaient trouvé le moyen de réaliser des gains considérables sans courir les risques de grosses pertes, et de démontrer que les entreprises industrielles dans lesquelles les ouvriers placeraient leur petit pécule, si difficilement gagné et si péniblement épargné, ne feraient jamais de mauvaises affaires. Il déclare ne voir dans ce système que des difficultés pour une bonne direction. Il y voit des germes de discussion et d'indiscipline, des embarras très graves vis-à-vis des ouvriers actionnaires, que dans des circonstances difficiles il faut congédier, et dit que l'intérêt de l'ouvrier est au moins aussi assuré par le travail aux pièces et par les primes. Il juge qu'il est du reste impossible de mesurer la proportion dans laquelle le capital et le travail contribuent à la formation du produit. L'ouvrier, du reste, quand il s'agit de la rémunération de son travail, ne peut être dans les dépendances absolues du marché.

M. Max Weigert, manufacturier à Berlin, repousse absolument la participation; loin de faire disparaître l'antagonisme des classes, elle est plutôt de nature, suivant lui, à aggraver les désaccords du fait des discussions qui naîtront de ce nouveau droit, elle est aussi, suivant ce manufacturier, et pour la même

---

[1] *Vierteljahrschrift für Volkswirthschaft und Culturgeschichte*, 1867.

raison, de nature à compromettre gravement l'autorité nécessaire à sa situation. Tout peut bien marcher quand on distribuera de gros dividendes; tout sera difficile et compromis quand on sera en perte. On contestera le dividende, on accusera les chefs d'incapacité. Une direction capable et honnête est exposée à ne recueillir que le mépris et la haine. Enfin, la direction peut encore être troublée, quand, par suite des progrès continus de la science, elle voudra substituer des machines-outils au travail de l'homme. Ce sont là des objections de grande valeur de la part d'un manufacturier de mérite.

Il en est d'autres qui se produiront au sein même des travailleurs. L'ouvrier que le hasard aura placé dans une fabrique dont l'outillage est perfectionné touchera une part de bénéfices supérieure à celle qui reviendra au travailleur d'une autre fabrique moins bien dotée. Ces différences se produiront dans une même localité et ne conduiront pas à l'harmonie; celui qui recevra le moins sera peut-être le plus capable, le plus dévoué. Quant aux tantièmes et au mode d'emploi, leurs variations sont infinies; on peut prévoir les difficultés auxquelles ils donneront lieu.

La répartition ne sera pas la justice, car très généralement l'ouvrier incapable, paresseux et même malveillant, recevra une part identique à celle de l'ouvrier capable, courageux et dévoué; c'est du reste ce qui se pratique même dans la maison Leclaire, en France, pour les sept dixièmes des ouvriers qui ne font pas partie du groupe qui porte le nom de noyau.

Au point de vue moral, M. Max Weigert n'espère rien de la participation; et la raison qu'il donne comme capitale est qu'elle produit un gain sur la réalisation duquel l'ouvrier n'a exercé, dans la plupart des cas, que très peu, sinon aucune influence. Rien n'est plus vrai. L'auteur ajoute que ce bénéfice aléatoire n'est pas de nature à élever les caractères, il conduit à des aspirations qui ne sont pas saines ; on doit entrevoir dans la pratique des réflexions amères au sujet de ce bénéfice; si l'ouvrier est actionnaire, les inconvénients sont encore bien plus graves. M. Max Weigert répète ici les paroles de M. Prince-Smith : il voit l'ouvrier exposer aux risques des affaires industrielles ses minces deniers, ses épargnes si péniblement amassées. L'ouvrier doit se garder d'aventurer son pécule.... L'ouvrier doit songer à sa petite maisonnette, à son foyer, il doit éviter les dangers de l'industrie; il doit songer à un intérieur béni, éviter d'exposer la part minuscule qu'il peut posséder, dans un établissement industriel, qui ne serait qu'un amas de pierres, désert et improductif, dès que viendrait à disparaître l'âme de la direction. Afin de ne pas prolonger cette discussion, nous ne dirons rien des minimes bénéfices que l'ouvrier trouverait dans ce système, et pas plus de la manière dont ils seraient utilisés. En résumé, dit M. Max Weigert, je crois que la participation n'est pas un moyen efficace pour constituer l'harmonie; son influence lui est plutôt défavorable, tant au point de vue économique qu'au point de vue des progrès matériels et moraux.

Un autre manufacturier, recommandable par les institutions patronales qu'il a organisées dans son établissement, à Biebrich (Prusse), déclare que la participation des ouvriers aux bénéfices de l'entrepreneur est contraire aux idées actuelles et nullement propre à conduire au résultat que l'on cherche à atteindre; la pensée d'un droit à la participation ne peut qu'élargir l'abime qui existe déjà entre le capital et le travail. M. Frédéric Kalle juge que la divulgation du résultat d'une exploitation industrielle est de nature à porter atteinte au crédit du chef d'industrie et à faire connaitre à ses concurrents ce qui constitue le secret de ses affaires. Si la participation est un droit, le contrôle est naturel, c'est un devoir conséquent du droit, et, dès lors, les jugements sur les conditions de l'inventaire auront les plus funestes conséquences. Les socialistes démocrates, — je rappelle que c'est un Prussien qui parle, — qualifieront vite les patrons d'oppresseurs, d'exploiteurs et même de voleurs.

Dans une petite industrie administrée paternellement, en Saxe, le chef de la maison s'entretient familièrement avec un visiteur: on parle de la participation; on consulte l'industriel, qui répond : « Avez-vous jamais vu qu'un enfant gâté soit devenu un sujet bien réussi? eh bien! les ouvriers ressemblent maintenant à des enfants gâtés. Ils ont trop haute opinion d'eux-mêmes; ne dirait-on pas que c'est leur travail qui fait et parfait le produit, alors que la tâche la plus lourde et la plus minutieuse appartient au manufacturier. Il est inexact, ajoute-t-il, que le salariat ait pour conséquence de payer le moins cher possible la plus grande somme possible de travail; le véritable intérêt d'un chef de maison a toujours été de traiter dignement ses ouvriers. L'industriel judicieux a intérêt à conserver ses bons ouvriers; un patron qui les traite durement et les exploite ne peut recruter un bon personnel.

M. Böhmert signale beaucoup d'opinions analogues d'un très grand intérêt qu'il nous est impossible de citer ici. Mais je donnerai l'avis d'un ouvrier compositeur typographe de Schleswig : « Je nie complètement, dit cet ouvrier, que la participation aux bénéfices soit de nature à exercer une influence favorable sur le sort de la généralité des ouvriers; suivant moi, les inconvénients de l'application de ce système l'emportent sur ses avantages. » Cet ouvrier expose ses motifs : 1° par l'intérêt qu'un ouvrier peut avoir, même pour son instruction, de changer d'atelier; 2° par la variété des répartitions qui apporteront souvent une rémunération dérisoire; 3° par le doute que le bilan déclaré fera concevoir; 4° par l'égoïsme que ce système développerait parmi les travailleurs.

Il est d'un grand intérêt de connaître l'opinion de la Suisse sur cette question.

Voici les raisons que M. Moschele, président de la Société publique de la Suisse française, a fait valoir contre la participation.

Il estime d'abord, avec raison, que le moyen devra forcément laisser subsister le régime du salariat, absolument et uniquement, pour tout le personnel nomade occupé, temporairement et accidentellement, du fait d'un surcroît momentané d'ouvrage ou d'un travail spécial. Il dit que la participation donnera des parts très variées, même dans les industries similaires, à des ouvriers de mérite identique, ce qui produira des mécontentements graves et par conséquent gros de dangers. Il ne voit pas que ce moyen soit de nature à supprimer l'antagonisme qui existe entre le capital et le travail : les copartageants se comptant par centaines et souvent par milliers, leur part sera généralement très minime ; elle aura sur l'ouvrier l'action d'un fil de soie sur une locomotive. Si ce système augmentait l'activité du travail, comme on l'espère, il augmenterait la production, et par conséquent aurait pour effet l'avilissement du prix du produit fabriqué ; il réduirait ainsi les bénéfices et détruirait lui-même les avantages qu'il fait espérer.

Plusieurs économistes expriment ce dernier avis.

M. le professeur docteur Brochert, de Genève, déclare que la participation est contraire à l'équité. Le directeur, le capitaliste, l'ouvrier, sont les trois forces qui concourent à la production. L'une de ces trois forces, selon lui, produit seule les bénéfices. C'est là un point de vue excessif qui peut trouver son correctif dans le salaire aux pièces indiqué par ce jurisconsulte.

M. le docteur V. Böhmert cite encore l'opinion des industriels les plus compétents de son pays. Ils sont très nombreux ceux qui jugent sévèrement la participation aux bénéfices : pour eux, la participation ne repose sur rien de sérieux, elle entrave le développement des franchises ouvrières, entrave l'ouvrier, le prive de sa liberté ; elle paralyse l'esprit d'entreprise du fabricant, elle ne peut donner que de maigres résultats au point de vue de l'amélioration matérielle de l'ouvrier.

Voyons maintenant, avec quelques détails, l'opinion des économistes, des industriels de notre pays.

M. Paul Leroy-Beaulieu a publié en 1872 [1] un petit volume de 339 pages sur la question ouvrière, qui renferme un chapitre de 68 pages, le cinquième du volume, entièrement consacré à la participation. Je viens de relire ce chapitre, que j'ai étudié souvent ; il date bientôt de vingt ans, on le dirait écrit d'hier ; on ne saurait le résumer, mais on peut dire en quelques mots sur quels principes il repose et faire connaître ses conclusions.

Déjà, en 1872, la question sociale était agitée, chacun y cherchait un remède. M. Ch. Robert, s'appuyant sur quelques exemples, défendait la participation ; alors, comme aujourd'hui, il trouva des admirateurs dans la science, dans la politique, parmi les prétendants : Napoléon III lui-même fut un croyant au dogme de la participation. M. Ch. Robert présente souvent, comme participationnistes, des chefs d'industrie qui pratiquent simplement le patronage. Nous avions négligé cette question ; nous pensons que nous serons obligés de la traiter, au moins par quelques exemples, nous en aurons bientôt l'occasion. Mais M. Paul Leroy-Beaulieu n'a pas négligé de le faire et l'a fait avec quelque sévérité ; le lecteur va pouvoir en juger.

---

[1] *La Question ouvrière au XIX<sup></sup>e siècle*, par Paul Leroy-Beaulieu. Charpentier et Cie, libraires-éditeurs, Paris.

L'auteur de la *Question ouvrière* dit que le régime sous lequel s'est constituée l'industrie libre, dans tous les pays du monde, est le salariat, qui est conforme aux principes rigoureux de la philosophie économique. L'homme qui conçoit et organise la fondation d'une industrie, dans laquelle il engage ses capitaux et son honneur commercial, doit en recueillir le bénéfice ou en subir les pertes, la fortune ou la ruine. La situation de l'ouvrier est toute différente : ce qu'il apporte, c'est son travail, c'est-à-dire un concours qui a une valeur définie; sa rémunération ne saurait être liée aux aléas du fondateur de l'industrie. L'application d'un tel principe détruirait la justice. Ce qui est juste, c'est la rémunération du mérite, la base de cette rémunération est le salaire, et le salaire se prête à toutes les formes. Nous avons eu déjà l'occasion de le démontrer [1]; mais, en dehors du salaire proprement dit, des industriels généreux ont créé des œuvres patronales, dignes de gratitude et de respect; nous en ferons l'objet d'un chapitre spécial au cours de cette étude. M. Leroy-Beaulieu observe qu'aujourd'hui une certaine école voudrait rayer et supprimer ces bienfaits; l'éminent écrivain proteste, et nous protestons avec lui, contre cette barbare façon d'entendre le droit, qui supprime tout ce qu'il y a de généreux et de tendre dans l'âme humaine. En ce qui touche l'achat des titres industriels par les ouvriers, l'auteur le condamne : l'industrie est, de sa nature, exposée à des risques; les économies d'un ouvrier doivent être assurées contre eux.

L'auteur, en étudiant, comme nous l'avons fait dans notre dernier article, divers types de la participation, explique ce qu'il y a de fondé dans la pratique de ces maisons; il approuve des mesures qui, très généralement, sont des œuvres d'hommes dévoués au bien, mais qui ne constituent pas un ensemble de règles qui puisse amener la solution des difficultés, qui existaient déjà en 1872, qui sont devenues aujourd'hui bien autrement intenses; il juge que, si diverses industries peuvent appliquer ce système, ce serait une erreur de vouloir étendre ce régime à tous les ateliers; il rappelle que M. Cernuschi, qui ne peut être suspect à la démocratie même la plus avancée, parlant de la participation, raillait spirituellement « ces cher-

---

[1] *Des divers modes de rémunération du travail*, A. Gibon. Guillaumin et C^ie^, éditeurs, Paris.

cheurs de solution nouvelle de la question sociale, qui vont en avant avec une bonne foi, une illusion semblable à celle qu'ont les chercheurs de truffes au pied des chênes ; » il termine en observant qu'on ne dit pas la vérité aux ouvriers, on encourage leurs illusions, on est courtisan ; est-il étonnant que les ouvriers aux prises avec les difficultés de la vie, se laissent convaincre qu'il peut exister des moyens d'améliorer radicalement leur situation, quand des hommes éminents n'hésitent pas à le leur affirmer ?

M. Maurice Block, économiste éminent, repousse absolument la participation ; il recommande le système des primes, qui est un encouragement mérité ; il constate que peu de fabricants pratiquent la participation, il la juge presque impraticable ; il considère qu'elle présente de grands dangers ; il rend hommage aux intentions parfaites de ses promoteurs et aux chefs d'industrie qui prennent des dispositions pour assurer, dans une certaine mesure, l'avenir de leurs ouvriers, et cite Jean Dollfus comme un patron modèle [1].

M. Muller, ingénieur civil, professeur à l'Ecole centrale, manufacturier important et distingué, a exposé dans le *Génie civil* [2] son avis sur ce mode de rémunération. Il rappelle d'abord que cette revue a déjà plusieurs fois touché à l'importante question de la participation ; notre ancien collègue et ami, si regretté, juge que le *Génie civil* a le droit et le devoir d'y revenir souvent, parce que la question est de son ressort, et, à propos d'un malentendu, auquel déjà nous avons fait allusion, ensuite duquel il pensait, à tort, que M. Ch. Robert voulait imposer la participation par l'Etat, il se déclare lui-même partisan de la participation, mais opposé absolument à l'ingérence de l'Etat dans la question. Toutefois, il en fait entrevoir les difficultés ; il considère le succès de la maison Leclaire comme un fait tout spécial, qui n'a pas de rapport avec ceux de la grande industrie ; pour elle, la participation peut être impossible et il peut être plus pratique d'intéresser les ouvriers au travail produit par eux, comme le font tous les établissements bien organisés. C'est aussi ce que nous pensons.

---

[1] Voir *les Etudes statistiques sur l'industrie de l'Alsace*, par Charles Grad, 2 volumes. Colmar, imprimerie J.-B. Yung.

[2] Voir le *Génie civil*, tome X, n° 15, p. 230.

M. Muller se demande ce que peut devenir la théorie générale de la participation appliquée dans des temps difficiles, dans les périodes de crise générale de l'industrie, et faisant allusion aux douloureuses épreuves de la patrie, il s'écrie : « Combien d'industries jadis prospères, combien de patrons inébranlables n'ont pas même gagné, malgré des efforts surhumains, l'intérêt d'un gros capital engagé ! Qui mesurera leurs risques ? qui fera l'inventaire de leurs soucis, de leurs amertumes ? qui pourra les engager, eux, les victimes de ces crises, à distribuer, à guichet ouvert, à des coopérateurs *impuissants et inconscients* des bénéfices illusoires ? » Il expose ensuite les difficultés que rencontrent les industries naissantes, les épreuves des industries malheureuses, les discussions pénibles entre associés, entre intéressés, qui tous cependant sont souvent intelligents, et il se demande ce que deviendrait la participation avec des ouvriers nombreux, indifférents, sans égards, manquant des éléments d'appréciation et soustraits légalement aux dangers de toute mauvaise chance. Ces ouvriers eux-mêmes reconnaîtront-ils les sacrifices, et feront-ils mieux, comprendront-ils leurs nouveaux devoirs ?.... C'est un partisan déclaré de la participation qui parle. Je me demande ce que pourrait dire de plus celui qui n'a aucune confiance dans ce système si complexe, si délicat, si peu en rapport, au moins généralement, avec les tendances des masses, pour lesquelles il sera un sujet de défiance, défiance bien naturelle du reste en raison de leur impuissance à juger des conditions dans lesquelles un inventaire sérieux peut et doit être établi.

M. Léon Sahler, manufacturier dans le Doubs et publiciste à ses heures, nous a donné un travail très étudié sur la participation. Cette étude comprend une revue succincte de l'enquête de M. le docteur V. Böhmert. Nous y avons trouvé déjà des faits nombreux et des opinions bien diverses sur la question. On trouvera cependant encore grand profit dans la lecture de la brochure de M. Léon Sahler [1] qui comprend, en outre, un examen des questions générales qui intéressent le sujet : le salaire, les sociétés commerciales, le congrès de la participation en 1889, des objections sérieuses au système de la participation. L'auteur

[1] *La participation aux bénéfices et ses résultats pratiques*, par M. Léon Sahler. *Annales économiques*, 4, rue Antoine-Dubois.

expose que par ce système, la rémunération de l'ouvrier ne dépend plus absolument de son travail, mais se trouve réglée par la capacité du chef d'industrie ; en cas de mécompte, ce chef est accusé de mauvaise foi ou d'incapacité. Le calcul du bénéfice sera toujours sujet à discussion ; il est lié à des conditions et circonstances qui échappent à l'ouvrier, qu'il ne saurait apprécier et qui motivent des amortissements et réserves que l'ouvrier pourra subir, mais qu'il n'admettra jamais. M. Sahler ajoute avec raison que, par suite de la concurrence excessive qui se produit de nos jours pour tous les produits de fabrication courante, dont les procédés sont partout très connus, les bénéfices deviennent de plus en plus minimes, sinon absolument nuls, et que les risques sont de plus en plus dangereux.

Parmi les maisons qui pratiqueraient la participation, M. Sahler cite le Bon Marché. Nous ne voyons dans l'organisation des œuvres patronales, très honorables, de la société du Bon Marché, absolument rien qui constitue, en faveur de son personnel, la participation aux bénéfices. Au cours de ce travail et en étudiant la proposition de loi de M. Guillemet, député, et d'un très grand nombre de ses collègues, qui présentent également le Bon Marché comme participationniste, nous aurons occasion d'exposer ce qu'il fait, d'après la déposition de M. Fillot, l'un de ses directeurs, à l'enquête de la commission extraparlementaire des associations ouvrières, et le lecteur jugera s'il y a là une application de participation. Dans tous les cas, l'autorité est très solidement constituée dans cette maison; elle ne l'est pas moins à Guise et à Angoulême, où la participation parait plus réellement pratiquée [1].

M. Sahler, après son examen du livre de M. Böhmert, ne juge pas, comme on l'a dit, que la participation conduit au temple de la coopération ; rien n'est plus différent, à son avis. Il ajoute que partout le produit de la participation est mis en tutelle; partout, est trop absolu, mais le fait est fréquent ; il constate que la participation n'a jamais été pratiquée que par des exploitations parvenues à la fortune, aux plus grands succès. Il constate encore que, en général, et c'est là un point qui nous est cher et que nous avons souvent relevé, la participation a toujours amené l'harmonie, elle a produit les meilleurs effets. Oui, certes, on le constate, mais on constate aussi que l'harmonie

---

[1] *La Réforme sociale*, 1er avril 1891.

préexistait, et je crois qu'il faut dire plus justement que cette parfaite harmonie préexistante a conduit à la participation.

L'étude de M. Sahler est de 1891. Nous avons encore une étude postérieure à la sienne ; elle est d'un économiste distingué, d'un esprit pénétrant et indépendant, d'une franchise qui peut quelquefois déplaire, mais qui est pour nous un mérite, assez rare aujourd'hui, pour que nous y attachions un grand prix. Cette étude toute récente, *La participation et le malentendu social*, est de M. Ernest Brelay; elle a paru dans la *Réforme sociale* [1], et a été réunie en brochure éditée par la maison Guillaumin.

Ce travail est très complet, autant par les vingt-neuf chapitres divers, très étudiés, qui le composent, que par les noms des écrivains, des industriels, des hommes éminents que l'auteur cite à l'appui de sa thèse. M. Ernest Brelay, pour me servir de ses propres expressions, n'est pas participophile : il attaque vivement, très vivement, la théorie de la participation ; mais il témoigne en toute occasion son respect pour les personnes qui ont confiance dans son succès, et principalement pour l'homme supérieur qui est le chef de l'école.

Je ne puis songer à analyser son étude, mais j'en recommande la lecture attentive, et particulièrement celle des chapitres V et VII, qui traitent de la pratique de la participation, de ses contradictions, de ses complications ; des chapitres IX et X, qui exposent la statistique pseudo-participationniste, la vraie et fausse participation. J'ai indiqué dans cette étude les points divers traités dans ces chapitres, mais je n'ai pas cherché à les approfondir et à les analyser dans tous leurs détails. J'ai constaté que ce mode de rémunération du travail, pour des raisons très supérieures à sa pratique, bonne ou mauvaise, ne prenait pas dans le monde du travail une place marquée, qu'il était une exception évidente. J'ai négligé les critiques monographiques, qui ont leur importance, qu'il est très utile de connaître, qu'on trouvera chez M. E. Brelay ; mais elles m'auraient conduit trop loin ; et puis, j'ai ainsi la satisfaction de dire au lecteur qu'il les trouvera décrites par la plume d'un maître. Les derniers chapitres, et principalement le vingt-huitième, consacré à l'économie sociale, est à signaler.

---

[1] *Réforme sociale* des mois de juillet, août, septembre et octobre 1891. Publié également en brochure. Guillaumin et Cie.

L'école que l'économie sociale représente est celle du patronage; c'est celle qui se rattache aux enseignements de F. Le Play; elle mérite d'être appelée l'école du devoir, car on ne saurait montrer, plus qu'elle, de sollicitude à ceux qu'on appelle les « déshérités de la vie. » C'est par ces paroles élevées que se termine le chapitre XXVIII, sur lequel j'appelle l'attention.

L'opinion de M. E. Brelay se résume en ces mots : « La participation n'est qu'un expédient illusoire et dangereux, elle n'est qu'une branche du socialisme, c'est-à-dire un des plus grands périls qui menacent la patrie et la liberté. »

Le lecteur trouverait étrange que je termine cette revue des défenseurs et des adversaires de la participation sans dire au moins quelques mots des travaux et surtout de l'œuvre de M. de Courcy. Chacun sait, en effet, que M. de Courcy a institué, en faveur des employés attachés à la Compagnie d'assurances générales, une caisse de prévoyance dont les fonds sont fournis par un prélèvement annuel de 5 % sur les bénéfices payés aux actionnaires, et aussi, qu'un compte spécial est ouvert à chacun des participants, mais qu'aux termes des statuts de cette caisse, le participant ne peut toucher le montant de son compte qu'après vingt-cinq années de service, ou à l'âge de soixante-cinq ans. M. de Courcy a voulu récompenser les longs et loyaux services, il a voulu aussi attacher à la Compagnie, par l'assurance d'un patrimoine, les serviteurs dévoués et capables. Ces deux intérêts respectables ont guidé l'éminent administrateur de cette Compagnie puissante; c'est un exemple dont le caractère est élevé, qui a été suivi et peut l'être plus encore dans une industrie aussi favorisée que celle des sociétés d'assurances qui sont déjà d'ancienne origine, qui convient parfaitement aux maisons de banque, aux agents de change. Mais il est à noter qu'il s'agit là d'un personnel d'élite et que des caisses de prévoyance de ce genre n'ont qu'un lien éloigné avec ce qui peut être tenté en faveur des ouvriers.

Parmi les objections que nous avons présentées dans le chapitre précédent, nous avons cité des chiffres qui prouvent que la participation est un fait très exceptionnel, et nous avons indiqué les motifs qui expliquent ce caractère exceptionnel. Le fait est évident, il n'est pas à démontrer; mais il est utile de témoigner que des hommes considérables, très partisans du système, le reconnaissent hautement. M. E. Levasseur, de l'Institut, qui présidait le Congrès de la participation en 1889, s'est exprimé ainsi à ce sujet :

« Sans doute, quand on regarde l'ensemble industriel du monde, la participation n'est encore qu'un infiniment petit. Quelques recrues que vous ayez faites, vous n'êtes encore qu'un très petit nombre relativement à la multitude des entreprises industrielles, commerciales et agricoles. Mais je puis dire, — et je ne crois flatter aucun de ceux qui sont ici, en parlant ainsi — que vous êtes une élite ; car il faut des qualités d'esprit et de cœur toutes particulières, pour entreprendre ce que vous avez accompli : c'est le cœur, plus encore que l'intérêt, qui vous a soutenus dans cette œuvre difficile. Je crois que vous serez très longtemps encore une petite minorité, mais vous êtes au poste d'honneur. »

M. Léon Say, l'éminent président et rapporteur général du groupe de l'économie sociale à l'Exposition universelle de 1889, partisan, comme M. Levasseur, de la participation aux bénéfices, dit dans son rapport général :

« Si l'on examine la participation aux bénéfices en dehors de l'idée générale de progrès de l'humanité et simplement au point de vue de l'augmentation qu'elle peut assurer au travail dans le partage de la valeur marchande des produits consommés, on est bien obligé de reconnaître qu'elle n'a d'objet que s'il y a des bénéfices. Or, malheureusement, c'est le cas du moins grand nombre des entreprises de l'industrie. Le bénéfice de bien des patrons est de vivre, et, à l'instar de Sieyès, après l'agitation d'une vie employée dans les affaires, ils peuvent dire simplement : « J'ai vécu. »

Nous terminerons ici cette consultation. Le lecteur la trouvera peut-être fort étendue ; nous l'avons jugée nécessaire pour appuyer les objections et les faits que nous avons présentés dans notre second chapitre. Il nous semble que les témoignages que nous soumettons au jugement de nos pairs, ingénieurs et industriels, sont concluants, non pas contre le principe de la participation, mais à ce point de vue que *la participation aux bénéfices ne peut être la base d'une réorganisation du travail.* M. Emile Levasseur a raison quand il dit que les hommes qui l'appliquent et qui, jusqu'aujourd'hui, composent une minorité infiniment petite, forment un groupe d'élite, nous l'avons répété souvent déjà au cours de ce travail, et l'une des raisons qui nous font croire que la participation ne saurait se vulgariser, c'est que les hommes d'élite sont rares, et encore faut-il remarquer que ces hommes d'élite ne sont arrivés à la participation qu'après le succès. Cette participation est pour ainsi dire la consécration d'une harmonie parfaite qui existait depuis longtemps dans leurs usines. M. Léon Say, de son côté, dit une grande vérité, que nous avons cherché à établir également, c'est que l'industrie rapporte très rarement des bénéfices. c'est là le cas du moins grand nombre, et souvent après l'agitation d'une vie employée dans les affaires, on peut dire : « J'ai vécu. » On ne peut donc espérer que la participation soit un moyen général qui puisse réaliser la paix des ateliers. Rappelons encore les avis d'Emile Muller, partisan également du système ; ceux de M. P. Leroy-Beaulieu, de Block, de Sahler, de Brelay, etc. Tous ont étudié sérieusement la question. Tous honorent les hommes, tous admirent les qualités de ceux qui font effort pour le succès, mais tous aussi font des objections appuyées sur les considérations les plus sérieuses et sur les faits les plus réels. Nous avons présenté les nôtres, et par la consultation qui a suivi notre exposé, on peut voir combien elles s'accordent non seulement avec celles des hommes les plus éminents de notre pays, mais aussi avec celles des écrivains et des manufacturiers des pays étrangers : John Max Smith, Max Weigert, Moschell, etc. Sans doute, nous avons trouvé des défenseurs énergiques de la participation, et parmi eux H. Fawcett et J. Stuart Mill, deux hommes de grand mérite. Mais qui admettra avec eux que le salaire puisse être remplacé par une association générale? L'homme a perdu le paradis terrestre : la vie est une lutte, des intérêts opposés sont toujours en présence ; les ménages parfaits, où les intérêts sont si absolument identiques, sont bien rares, il est difficile d'admettre la perfection. M. Ch. Robert lui-même reconnait les difficultés de l'application de sa thèse. Il ne saurait méconnaitre les réserves de ses meilleurs amis et particulièrement celles de MM. Léon Say, Muller, E. Levasseur, et nous sommes convaincu qu'il a l'esprit et le cœur assez haut placés, pour reconnaitre également les vérités que les adversaires de la participation, envisagée comme système, lui présentent respectueusement.

Cependant, quoi qu'il en soit de ces vérités, un grand nombre de députés, à la tête desquels se place l'honorable M. Guillemot, ont déposé, à la date du 22 mai dernier, une proposition de loi relative à la participation aux bénéfices dans les entreprises et les concessions de l'État. Il nous paraît utile d'en faire l'examen.

# CHAPITRE IV

## APPLICATION DU SYSTÈME DE LA PARTICIPATION AUX OUVRIERS DE L'ÉTAT

**La participation, le nœud de la question sociale. — Impossibilité de l'imposer par la loi. — Divers projets. — Revue presque négative de ce qui a été fait dans les divers pays. — Du droit de l'ouvrier à la participation. — Avis de M. Laroche-Joubert. — Les auteurs du projet repoussent la participation due à la générosité des patrons, ils adoptent la pratique de la société de tissus de laine des Vosges ; exposé de cette pratique. — Exemples d'Angoulême. — Le Bon Marché, la Compagnie d'Orléans, ne pratiquent pas la participation. — Du rôle de l'arbitre-expert. — L'État peut-il imposer la participation aux grandes Compagnies de chemins de fer et à tous ses concessionnaires ? Discussions de la question. — Comment l'État appliquera-t-il le système à ses établissements ? — Du rôle de l'État dans la question sociale d'après les auteurs du projet. — De la concurrence. — Bénéfice obligatoire.**

Les puissants de la terre ont toujours eu leurs courtisans, et les courtisans sont d'autant plus nombreux que la puissance est plus absolue, plus insatiable. Le suffrage universel place la puissance dans les masses, les masses sont adulées : ceux qui ont le courage de leur dire la vérité sont écartés ; non seulement on se refuse à les entendre, et plus encore, à suivre leurs avis ; mais on les accuse, on les écarte rudement, ce sont des ennemis. Il me paraît que les masses sont encore plus sensibles à la flatterie que les personnes ; dans tous les cas, elles y applaudissent, elles y ont confiance et suivent aveuglément les hommes qui la prodiguent.

Je ne veux pas dire que les défenseurs de la participation, convaincus qu'elle résoudra la question sociale, soient les courtisans des masses. Je sais que beaucoup d'entre eux sont de parfaite bonne foi, notamment les membres de la Société fondée par M. Ch. Robert ; ils ont confiance dans l'idée et veulent l'appliquer ; c'est pour eux le salut. Mais beaucoup, qui les suivent, sont peu au courant des affaires de l'industrie. L'idée leur parait séduisante, ils s'en servent, ils en flattent les ouvriers, ils s'efforcent de les convaincre que le fleuve de la Lydie, qui a fait de Crésus le plus riche des monarques, va les inonder de ses richesses. C'est là, dans notre pensée, une profonde illusion, qui n'est pas sans danger, surtout quand les pouvoirs publics, s'emparant de l'idée, forment le projet de l'imposer par une loi. Le Pactole a charrié beaucoup d'or; ce grand fleuve est à peine aujourd'hui une petite rivière. La participation, si sympathique qu'elle puisse être, sera toujours une petite rivière, et nous doutons fort qu'elle répande jamais, dans les masses laborieuses, de grandes richesses.

Quoi qu'il en soit de ces réflexions, nous devons arriver à la proposition de loi présentée par un nombre considérable de députés, à la tête desquels M. Guillemet s'est placé [1], et voici les considérations qui, dans leur opinion, la justifient :

La conviction absolue des auteurs du projet, au moins ils le déclarent, c'est que la participation est *le nœud de la question sociale;* pour sauver la société, il ne faut rien autre qu'un peu de bonne volonté de la part des chefs d'industrie. Obligés de reconnaitre que la participation ne peut être imposée par la loi à l'ensemble de l'industrie privée, ils s'adressent à l'Etat et lui demandent qu'il exige l'application du système vis-à-vis de ses concessionnaires, et, de plus, qu'il en fasse l'application lui-même dans les exploitations qu'il dirige; il en est le maitre, il doit montrer l'exemple.

La proposition de loi fait ensuite l'historique de la participation en France. Nous l'avons déjà exposé. De plus, elle nous fait connaitre ce qui a déjà été fait au Parlement et au Conseil municipal de Paris; nous devons l'indiquer.

En mai 1879, M. Laroche-Joubert a présenté à la Chambre une proposition de loi ayant pour objet de pousser au régime coopératif, par la participation *imposée* aux adjudicataires des travaux à exécuter pour le compte de l'Etat, des départements et des communes.

En 1882, MM. Balue, Jules Roche, Lagrange et Laisant déposent une proposition dans le même esprit; à la même époque, M. Blancsubé émet la pensée d'exiger des sociétés concession-

[1] Séance de la Chambre des députés du 22 mai 1891.

naires de l'Etat le prélèvement d'un dixième de leurs bénéfices, pour fonder une caisse des ouvriers, en vue de les rendre propriétaires d'une partie du capital. Aucune de ces propositions ne fut discutée.

Le Conseil municipal de Paris s'est aussi préoccupé de la participation ; le 20 décembre 1881, M. Mesureur déposa cette proposition :

« L'administration est invitée à étudier les moyens d'*imposer* aux adjudicataires des travaux de la ville de Paris l'*obligation* de la participation aux bénéfices pour le paiement de leurs ouvriers. »

Cette proposition, très bien accueillie par les autorités, s'est enterrée dans le sein d'une Commission.

Le 20 mars 1883, M. Waldeck-Rousseau, ministre de l'intérieur, institua une Commission de 24 membres chargée de rechercher les moyens d'accès des associations ouvrières aux adjudications des travaux de l'Etat, et d'étudier dans quelle mesure il serait possible d'obtenir des entrepreneurs la participation de leurs ouvriers aux bénéfices de leurs entreprises.

Cette Commission a travaillé beaucoup ; elle a produit deux projets. Le premier déclare que le patron peut admettre ses ouvriers à participer à ses bénéfices, sans qu'il en résulte pour eux aucune responsabilité en cas de perte ; nous le savions déjà avant ces grands labeurs. Il dit aussi, contrairement au droit commun qui résulterait de cet engagement, que l'ouvrier peut renoncer à la vérification de l'inventaire. C'est ce qui se pratique quelquefois. Le second projet autoriserait la Caisse des Dépôts et Consignations à recevoir, à titre de dépôt, les fonds provenant des bénéfices de la participation ou des institutions de prévoyance fondées par les patrons.

Comme le dit le nouveau projet dont nous nous occupons, ces résultats sont minces, et j'ai résumé tout ce qui a été fait en France jusqu'ici, ou plus justement ce qui a été dit.

La proposition qui, avec raison, cherche à s'appuyer sur des actes, se demande si l'étranger a fait plus que nous : elle constate le contraire et s'étonne que l'Angleterre, ordinairement si pratique, compte si peu d'établissements où la participation soit appliquée. N'est-ce pas, surtout, parce que l'Angleterre est pratique, qu'elle craint de modifier les conditions normales du salaire ? La rédaction de la proposition constate que le mouvement est très lent aux Etats-Unis et en Allemagne ; elle trouve qu'en Italie, son développement est très marqué, bien que la statistique prouve qu'il y en avait un seul exemple en 1885 et que cet exemple reste unique en 1890. Rien en Portugal, malgré un exemple du gouvernement, qui, par une loi du 22 mai 1888, jouit du monopole de la fabrication des tabacs. Nous voyons, en effet, d'après les bases de cette loi, § 122 de l'article 2, qu'il doit être institué, en faveur des ouvriers, une caisse de retraite, dont le minimum serait de 445 fr. par an, et que les administrateurs, les conseillers fiscaux, le personnel ouvrier et non ouvrier, seront intéressés pour un pourcentage de 5,1 % sur l'excédent des bénéfices annuels du monopole, au-dessus de 19,250,000 fr. On ne nous dit pas le résultat de cette tentative. Nous observons simplement qu'elle porte sur un monopole et ne peut être le point de départ d'une application; on ne peut comprendre, en effet, les bénéfices que peut réaliser un monopole qui n'a qu'un but : un impôt indirect et facultatif.

La proposition examine si la participation est conforme au droit naturel et à l'équité, et conclut pour l'affirmative. Elle dit que le succès de l'industrie dépend de l'association étroite, indispensable, du capital, de l'intelligence et du travail; que si ces trois facteurs sont également nécessaires, il importe qu'ils aient droit dans une mesure égale au produit de la richesse créée par eux, par leur triple et indispensable association ; elle ajoute que c'est l'évidence même et le droit strict.

Si le droit de l'ouvrier se traduisait par cette formule, il serait souvent exposé aux déboires les plus amers, le travail étant loin de produire toujours la richesse. Le droit de l'ouvrier est plus positif et plus absolu : tout ouvrier a droit à un salaire qui résulte d'une convention ferme entre celui qui l'emploie et lui-même. Nos députés, qui s'occupent ici de la participation aux bénéfices, veulent oublier que l'industrie donne souvent des pertes, que, dans tous les cas, elle vit très péniblement, que les gains, quand on les obtient, sont très variés; de plus, que l'ouvrier a des besoins immédiats, qu'il n'a jamais aucune responsabilité. Ces quelques mots suffisent pour démontrer que la mesure, si, par impossible, elle était généralement appliquée, serait absolument contraire aux intérêts qu'on veut protéger ; que le droit strict doit se borner et se borne à la juste rémunération du travail résultant de l'entente parfaite de l'ouvrier avec celui qui l'emploie. Cette entente n'a pas de règle absolue ; ses bases sont ce que décident les parties intéressées. Si l'une et l'autre sont d'avis que la participation doit y jouer un rôle, c'est au mieux; mais il n'est pas de pouvoir qui puisse l'imposer comme un droit [1]. Il nous suffit de répondre ces quelques mots à la déclaration des auteurs du projet. Nous les suivrions, au contraire, très volontiers dans l'examen des avantages que ce système de la participation a la prétention d'assurer à la société; mais, comme discussion de ces avantages, nous nous trouvons dans l'obligation de nous contenter d'une déclaration; la voici.

M. Laroche-Joubert, dans l'exposé des motifs de la proposition de loi, s'est ainsi exprimé :

« La coopération est le levier le plus puissant qu'on puisse imaginer pour arriver à augmenter la somme de production, en agriculture aussi bien qu'en industrie.... »

Nous ferons observer à MM. les députés, auteurs du projet de loi, que la participation n'est pas la coopération : la coopération, que, depuis 1848 surtout, on cherche à développer en France, n'a eu pour ainsi dire que des échecs [2]; les succès déjà relevés dans cette étude sont très rares dans l'industrie, beaucoup moins dans l'agriculture où j'ai eu déjà l'occasion de le signaler en parlant, dans le *Patrimoine de l'ouvrier* [3], du métayage appliqué généralement et depuis des siècles dans le centre de la France. J'ajouterai encore que M. Laroche-Joubert peut et doit avoir une opinion personnelle très favorable à la coopération industrielle, parce qu'elle a parfaitement réussi chez lui, où elle est organisée dans un milieu qui est une véritable famille, où l'harmonie la plus parfaite ne cesse de régner depuis plusieurs générations, où l'autorité est respectée, où la coopération a été le couronnement de l'édifice des œuvres patronales les plus parfaites et les plus anciennes. Assurément, M. Laroche-Joubert a trouvé le système le plus avantageux pour

---

[1] Nous donnons, au chapitre v de cette étude, un complément utile à cette question du droit des ouvriers à la participation.

[2] Nous ne saurions trop recommander, à ce sujet, l'étude très complète que M. Ch. Lavollée a publiée dans la *Revue des Deux Mondes* à la date du 15 février 1884, *les Sociétés ouvrières*. L'auteur démontre l'échec absolu du socialisme préconisé par Louis Blanc; la ruine des sociétés ouvrières fondées à cette époque, avec les deniers de l'Etat; il rappelle que l'Empire prêta son concours et fournit des fonds pour la création de nombreuses sociétés; le résultat fut négatif. Le problème des sociétés ouvrières fut repris en 1870; l'échec a été aussi complet qu'en 1848.

[3] *Le Patrimoine de l'ouvrier*, A. Gibon. Guillaumin et Cie.

sa situation particulière, et si nos usines avaient toutes l'âge des papeteries d'Angoulême, si toutes étaient dirigées par des hommes dévoués au bien et de la valeur de M. Laroche-Joubert, si, en un mot, ce succès remarquable n'était pas une exception presque unique dans une grande industrie, on pourrait peut-être dire : rien n'est plus avantageux ; mais une semblable exception ne saurait être une base pratique pour la réorganisation du travail.

Comme nous l'avons dit plusieurs fois, au cours de cette étude, les auteurs de la proposition déclarent que la participation aux bénéfices ne peut être imposée, par l'Etat, à l'industrie privée. A leur avis, l'Etat ne peut agir que par l'exemple et la persuasion.

Le rapport examine quel est le meilleur système de participation ; il écarte, en l'honorant, la participation due à la générosité du patron, parce qu'elle a le caractère de bienfaisance, qui, à ses yeux, ne relève pas l'ouvrier, qui ne rend pas ses intérêts solidaires de ceux du patron. C'est là un caractère de l'époque, un caractère voulu ; on exige ce que l'on appelle le droit, le droit absolu, on cherche à prouver, contrairement au droit naturel, que la participation est un droit, on veut rayer et supprimer des rapports sociaux entre patrons et ouvriers, tout ce qui peut avoir le caractère d'un bienfait ; nous répéterons, avec M. Leroy-Beaulieu, que c'est une façon inique, sauvage et barbare d'entendre le droit, qui supprime tout ce qu'il y a de généreux et de tendre dans l'âme humaine. Nos honorables députés, signataires de la proposition, préfèrent la participation contractuelle ; elle est réglée, elle établit le contrôle, elle est selon eux un acheminement à la coopération, et alors c'est une association véritable définie par le Code civil, le Code de commerce et la loi du 24 juillet 1867 sur les sociétés : la question sociale est résolue. C'est aller vite et loin ; à notre avis, *cette conception du droit absolu à la participation, si, par impossible, elle prévalait un jour, aurait pour effet immédiat sa suppression dans les quelques ateliers qui la pratiquent patronalement.* Le rapport paraît s'en apercevoir, car il recherche le système national le plus favorable aux concessions et aux manufactures de l'Etat ; il choisit celui de la Société anonyme de tissus de laine des Vosges, qui possède des établissements importants au Thillot et à Trougemont.

Le projet s'étend très longuement sur les combinaisons diverses de cette organisation. Nous ne le suivrons pas dans la discussion de ce système, qui cependant présente un certain intérêt, mais nous pouvons le résumer. Pour être admis participant, il faut au moins trois années consécutives de présence active dans la maison ; la répartition tient compte de la production, de l'ancienneté, du zèle et de l'assiduité ; le conseil d'administration détermine sur ces bases, fixées par une échelle de convention, la part de chacun. Les statuts allouent au personnel 15 °/₀ des bénéfices de la société, ce qui représente environ 25,000 fr. par an ; moitié de la part de chacun est remise en argent, moitié est appliquée à un compte personnel de prévoyance. La société bonifie ce capital d'un intérêt de 5 °/₀ l'an. Le produit total n'est versé au titulaire qu'après vingt années de présence consécutive, ou après soixante ans d'âge ; le service militaire est compté comme temps de présence. Le participant perd absolument son avoir, il est déchu de ses droits, s'il quitte la maison, soit volontairement, soit pour avoir enfreint les règlements. Les allocations successives sont versées à la caisse de retraites ; en cas de décès, la liquidation est réglée au profit des ayants droit. Telles sont les règles de la participation jugées les plus parfaites par les promoteurs du projet. Nous ne discuterons pas ce règlement, nous avons vu les variations infinies des combinaisons, nous devons toutefois faire observer que, d'après les vues de M. Guillemet et de ses collègues, il s'agit d'une participation contractuelle et, par conséquent, l'une des parties seule ne pourra en régler les termes, dès lors ces conventions varieront à l'infini. En un mot, une partie ne peut imposer un contrat à l'autre, dès qu'on reconnaît identiques les droits des deux parties; agir différemment, c'est faire acte de générosité, c'est méconnaître la dignité humaine ! C'est ainsi du reste que parle le rapport que nous discutons.

Nos honorables députés présentent les objections qui peuvent être faites à leur projet et cherchent à les réfuter. Mais avant, ils croient pouvoir affirmer que patrons et ouvriers sont d'accord sur le principe. C'est là une erreur absolue, qui est démontrée par les très rares tentatives qui ont été faites, notamment des participations contractuelles, et par la consultation, dans tous les pays, que nous avons placée sous les yeux de nos lecteurs. C'est donc une profonde erreur, une illusion d'affirmer que tout le monde soit d'accord sur le principe. C'est en opposition formelle avec la vérité.

Voici maintenant les objections qu'on prétend réfuter :

La participation, dit-on d'abord, peut bien être pratiquée par la petite industrie, mais elle est impossible dans les grandes exploitations.

MM. les députés répondent que l'expérience dit le contraire et donnent pour témoignage : le Bon Marché, le Printemps, la maison Leclaire, les papeteries d'Angoulême, la Compagnie d'Orléans. Ce n'est pas là une démonstration.

La papeterie d'Angoulême, très bien organisée au point de vue de l'autorité, pratique un système de coopération très complexe qui réussit à merveille ; ce n'est pas certainement la participation simple appliquée par la maison Leclaire ; on n'aura pas une idée très nette de l'organisation d'Angoulême et du tantième des bénéfices attribué aux ouvriers, en lisant la déposition de M. Laroche-Joubert à la Commission d'enquête [1], mais on aura ce qui a été dit de plus clair sur cette institution, d'un caractère absolument patronal.

Nous ignorons ce que fait la maison du Printemps.

Nous avons déclaré plusieurs fois, au cours de ce travail, qu'un nombre important des maisons présentées comme modèles du système, témoignaient simplement par leurs actes un intérêt très vif à leurs collaborateurs, mais ne pratiquaient pas réellement la participation. Nous n'avions aucun intérêt à le démontrer, notre réserve suffisait : qu'il y ait un exemple de participation ou deux sur mille industries de même nature, notre jugement sur le principe du système n'en était pas affecté. On nous signale ici deux sociétés considérables : le Bon Marché et la Compagnie d'Orléans, comme participationnistes, et on veut s'appuyer sur ces exemples comme témoignages d'une expérience incontestable ; nous nous trouvons dès lors dans l'obligation de les analyser et le lecteur jugera, d'après les dépositions de M. Fillot, l'un des directeurs de la maison du Bon Marché ; de M. Sévène, alors directeur de la Compagnie du chemin de fer d'Orléans, si la participation aux bénéfices est réellement appliquée dans ces très importantes Compagnies. C'est dans l'en-

[1] *Enquête de la Commission extraparlementaire sur les Associations ouvrières*, 2e partie, pages 39 à 53.

quête des associations ouvrières constituée par le Ministre de l'intérieur, que je trouve encore les renseignements qui vont suivre.

M. Fillot, répondant au président de la Commission, expose l'organisation du Bon Marché :

La participation, dit-il, s'exerce sous plusieurs formes.

Tous les employés préposés à la vente ont un intérêt de 2 à 3 % sur leur chiffre de vente.

C'est là un mode de rémunération du travail qui s'applique dans presque tous les grands magasins. C'est une commission sur la vente, qui, souvent même, n'est accordée à l'employé que sur l'excédent du chiffre des affaires de son comptoir d'une année sur celle qui l'a précédée. C'est là la plus grosse part du salaire des préposés à la vente, et cela se comprend très bien : mais ce n'est pas là ce qu'on peut appeler un intérêt dans les affaires sociales et moins encore une participation aux bénéfices. C'est, comme le dit très bien M. Fillot, un tant pour cent sur le chiffre des ventes, appliqué à tous les employés à la vente, ainsi qu'aux chefs de comptoirs de service et aux inspecteurs.

En 1876, ajoute M. Fillot, M. Boucicaut a fondé une caisse de prévoyance en faveur des employés les moins favorisés : le capital de cette caisse de prévoyance, au 31 juillet 1883, a atteint 700,000 fr. ; après sept années d'exercice, elle compte 750 membres sur 2,200 employés ; pour en faire partie, il faut avoir cinq années de présence dans la maison. Les employés supérieurs, dont les appointements sont de 6,000 à 15,000 fr., ne font pas partie de cette caisse. La caisse de prévoyance fonctionne comme celle fondée par M. de Courcy à la Société d'assurances générales. Le compte de chaque employé est individuel ; au moment de le liquider, le capital lui en est remis. En cas de décès, il appartient à ses ayants droit ; en cas de renvoi ou de démission, il est retenu au profit général de la caisse.

Ainsi, la caisse de prévoyance est alimentée par la générosité du fondateur, par un acte spontané de libéralité, par une somme annuelle prélevée sur les bénéfices, qui est indéterminée, dont le tantième n'est pas fixé, qui n'est le résultat d'aucun contrat. Cette œuvre a ainsi tous les caractères d'une œuvre patronale. Nous louons chaudement M. Boucicaut de l'avoir fondée, mais elle n'a aucun rapport avec la participation aux bénéfices.

M. Fillot ajoute qu'en dehors de la commission sur les ventes et de cette œuvre patronale, il y a encore une troisième forme de participation : c'est la constitution de la société même du Bon Marché, qui a consenti à s'adjoindre, comme intéressés, plusieurs employés supérieurs, acquéreurs et par conséquent propriétaires d'un certain nombre de parts, dont la valeur d'origine a été réglée à 50,000 fr. ; 170 de ces parts appartiennent aux employés, qui profitent des bénéfices répartis annuellement à chacune d'elles. Oui certes, il y a là participation aux bénéfices de la maison, comme chacun de nous peut, dans les sociétés par actions, acquérir des actions de la société à laquelle il est attaché et toucher, quand la société réalise des bénéfices, les dividendes afférents à ces actions. La maison Boucicaut a consenti à introduire son personnel d'élite parmi ses intéressés. Mais est-ce là une participation dans les bénéfices qui soit en dehors du droit commun ? C'est fort bien dans tous les intérêts; seulement, nous le répétons, il n'y a là qu'un droit qui appartient à tous, quand une société divise son capital en parts ou en actions.

Je conclus de l'ensemble de cette déposition que l'importante maison du Bon Marché est parfaitement organisée, que la maison rémunère avec intelligence ses coopérateurs, qu'elle fait très bien de permettre à son personnel supérieur d'avoir des parts de son capital, mais elle ne pratique pas la participation aux bénéfices.

Je vais faire, aussi aisément, la même démonstration pour la Compagnie des chemins de fer d'Orléans. Je prends toujours mes témoignages dans l'enquête et d'après la déposition même de M. Sévène, alors directeur de la Compagnie.

Il explique d'abord qu'à l'origine, quand la Compagnie s'est constituée, il a été introduit dans ses statuts, sur l'initiative de M. Bartholoni, l'un de ses fondateurs, une disposition d'après laquelle il était attribué aux employés 15 % du bénéfice distribué. Cette disposition a été modifiée : le 15 % du bénéfice a été transformé en 15 % après une distribution de 33 fr. par action, ce qui alors exigeait 20 millions. D'autres modifications se sont produites et, enfin, M. Sévène déclare qu'aujourd'hui la Compagnie accorde à son personnel *un demi-mois, en fin d'exercice, aux employés dont le traitement n'atteint pas 3,000 fr.* Elle complète en outre, jusqu'à 10 %, le versement à faire à la caisse des retraites pour la vieillesse. Ce versement est fait au nom de chaque employé et généralement constitue une rente à capital réservé. Je le demande au lecteur, est-ce là de la participation? C'est une gratification comme il s'en fait beaucoup dans les maisons de commerce les plus ordinaires, et l'un des commissaires enquêteurs a pu dire à M. Sévène : La Compagnie d'Orléans fait à ses employés le versement d'une somme annuelle qu'elle fixe elle-même; chez vous la participation n'existe que de nom. Un autre a ajouté : L'ouvrier n'a pas d'intérêt à ce que la Compagnie fasse des bénéfices plus ou moins considérables. M. Sévène a répondu : Non. C'est parfaitement évident.

Je reviens à l'objection relative aux difficultés de pratiquer la participation dans la grande industrie et je dis : ces difficultés existent partout. Le mot participation est à la mode; on s'en sert au Bon Marché et à la Compagnie d'Orléans, on l'emploie également dans d'autres maisons où on ne la pratique pas [1]. Je ne veux pas méconnaître que la participation se [illegible]quée : le fait est rare, mais il existe.... ; il ne faut pas cependant la montrer où elle n'est pas; ce que je méconnais, c'est que cette application très rare et sans méthode, qui n'a jusqu'ici d'autres règles que le bon plaisir, puisse jamais servir de base à la réorganisation du travail et, par conséquence, du salaire dans la grande industrie.

Voici la seconde objection présentée par les auteurs du projet. J'en transcris les termes : « Si le patron, qui a intéressé les ouvriers, traverse une période de stagnation des affaires, et s'il ne peut, au bout de l'année, distribuer de dividendes, l'ouvrier se croira lésé, et comment le patron fera-t-il pour le convaincre qu'il est sincère et loyal? » On aurait pu dire plus simplement et d'une façon plus claire : Quand le patron fera des pertes, que dira l'ouvrier?

Nos honorables députés répondent : que l'arbitre expert fera sa déclaration, que sa loyauté ne pourra être suspectée. Nous avons présenté, d'après des autorités incontestées, et d'après notre propre opinion, des réponses moins simples et plus graves.

---

[1] L'examen du tableau dressé par la Société de participation me conduit à l'admettre dans la moitié des maisons citées; toutes les autres ont créé des œuvres patronales spéciales d'un intérêt marqué, mais ce n'est pas la participation.

L'ouvrier qui verra, dans l'industrie qu'il pratique, des chefs de maison gagner et d'autres perdre, dira que ces derniers sont des incapables et peut-être plus, et ce fait de la participation aura pour résultat des différences considérables de salaire *pour des ouvriers de même mérite*, qui exaspéreront les ouvriers placés chez ceux qui devront avouer et prouver qu'ils perdent de l'argent ou du moins qu'ils n'en gagnent pas.

La troisième objection du projet est identique à la seconde. J'ai déjà donné les motifs qui la rendent très sérieuse. On ne peut compter que la sagesse prendra son parti des mécomptes fréquents que les inventaires apporteront aux intéressés.

Comment fixer la répartition ? Comment admettre le contrôle? Comment ne pas redouter les désillusions? Le projet se pose ces questions; mais MM. Guillemet et ses collègues ne répondent nettement à aucune d'elles. Nous avons développé toutes ces difficultés; on en rencontre à chaque pas, et les chefs d'industrie très rares qui les ont résolues, avaient véritablement le feu sacré, la volonté absolue de réussir et tous les moyens assurés de le faire. Il y a, chez les hommes pénétrés de la perfection d'un système, une force qui n'est pas commune : il y a la foi qui, dit-on, transporte les montagnes; tout réussit dans leurs mains, parce que rien ne les rebute : leur honneur est attaché au succès; les sentiments élevés les soutiennent, et je me permettrai d'ajouter que les sentiments humains, bien naturels, ne sont pas étrangers à leurs succès. Tout les y conduit, ils veulent que leur pensée, leur œuvre leur survive, ils entrevoient les dangers auxquels elle est exposée, ils cherchent à y opposer des forces. C'est ainsi que nous voyons prospérer quelques brillantes exceptions, qui font honneur à ceux qui les ont fondées. Mais peut-on exiger ces œuvres de tous les hommes?

Nos députés se demandent : l'Etat peut-il imposer la participation aux grandes Compagnies de chemins de fer et à tous ses concessionnaires?

Ils répondent affirmativement, sans hésiter, et, pour écarter l'objection irréfutable que des concessions peuvent être et sont souvent infructueuses, ils vont jusqu'à ce point extrême d'*assimiler la participation à l'impôt*. Il ne nous paraît pas que jamais l'impôt puisse entrer dans les divers modes de rémunération du travail ; mais on sent une véritable pression, dans la discussion des voies et moyens, pour arriver à la participation; et une volonté qui peut conduire à des mesures regrettables; ainsi, on trouve des phrases comme celle-ci dans l'exposé des motifs du projet qui nous occupe :

« Si l'Etat obligeait à la participation, non seulement les futurs concessionnaires, mais encore les anciens, il ferait faire un grand pas à la question sociale et à l'apaisement dans les esprits. »

La participation ainsi imposée n'aurait pas ce résultat, nous l'avons dit déjà, *cette obligation serait un suicide;* mais la participation, même la plus libre et la plus généreuse, ne pourrait l'obtenir, pour ces deux raisons : que souvent il n'y a rien à partager et que les bénéfices, quand ils existent, sont très variables et feraient des situations très diverses à de nombreux ouvriers d'un même mérite; il y en a d'autres que déjà nous avons données. Il y a d'autres moyens aussi, fort heureusement, qui peuvent nous conduire à la paix des ateliers, nous les indiquerons. Mais revenons au projet de MM. Guillemet et de ses collègues, qui arrivent à cette question :

Comment l'Etat pourrait-il appliquer la participation aux bénéfices dans ses établissements?

Cette fois, c'est dans le rapport de M. Charles Robert, sur les travaux du Congrès de la participation, que nos honorables députés trouvent la réponse à cette question délicate. La réponse est loin d'être précise.

S'il s'agit de monopoles, tels que les tabacs, les poudres, les salpêtres ou les allumettes, l'Etat, dit le projet, pourrait, comme en Portugal, attribuer au personnel *un quantum pour cent quelconque;* pour les forêts, *sur le produit des ventes;* quant aux industries exercées par l'Etat dans un intérêt national : les arsenaux militaires et maritimes, les tapis des Gobelins, de Beauvais, la manufacture de Sèvres, on pourrait établir des *inventaires fictifs*, qui détermineraient des bénéfices nets, sur lesquels les ouvriers et employés obtiendraient un quantum.

Quand un homme, si supérieur qu'il soit, est dominé par une idée fixe, quand il est convaincu que cette idée est le salut, quand il a la bonne ou la mauvaise fortune de convaincre de hautes influences, il n'y a plus pour lui aucun obstacle; les moyens d'arriver, quels qu'ils soient, sont toujours bons; il ne voit que le but, ce but lui suffit. Ici, nous ne pouvons nous y tromper, c'est l'impôt. On donnera un quantum sur le produit des monopoles, un quantum sur les inventaires fictifs! mais, obtiendra-t-on ainsi plus de travail actif, plus de dévouement, plus de zèle, plus d'efforts pour réduire le prix de revient du tabac, d'un canon, d'un tapis, d'un vase de Sèvres? L'Etat ne rémunère-t-il pas comme il le doit ses ouvriers et ses artistes? Ce quantum *quelconque*, quel rapport a-t-il avec la participation des ouvriers aux bénéfices, qui doit avoir, qui peut avoir et qui a, dans certains cas exceptionnels, je me plais à le reconnaître, d'excellents effets dans l'industrie, là où l'harmonie existe, où l'union est solide? Mais il faut bien dire que ce *quantum* ne peut être qu'une gratification. L'Etat doit la donner si elle est méritée, mais l'Etat ne fait aucun bénéfice dans ses usines, il est même de notoriété que l'Etat produit sensiblement plus chèrement que les industries privées, qui sont pressées par toutes les raisons, pour réduire leur prix de revient. L'Etat gagne par les monopoles, comme il gagne par l'impôt; le monopole est un impôt, il n'y a là aucun bénéfice. Nous ne comprenons pas ce projet de la participation des ouvriers aux bénéfices que peuvent produire à l'Etat ses monopoles et ses manufactures; mais, d'un autre côté, nous n'admettons pas davantage que l'Etat ne rémunère pas convenablement son personnel.

Nous avons vu plus haut que les auteurs se demandaient si l'Etat ne pouvait pas imposer la participation aux Compagnies des chemins de fer, et aussi que le projet voulait l'imposer aux industries pratiquées par l'Etat. Mais, nous avons un réseau de chemin de fer qui est exploité par l'Etat; ce réseau, pour des raisons qui ne sont pas à examiner ici, fait-il des bénéfices? Tout le monde sait qu'il ne produit pas 1 % d'intérêt au capital engagé dans la construction. Quel moyen trouveront les auteurs du projet pour intéresser les ouvriers, attachés à ce chemin de fer, aux bénéfices qui n'existent pas? Cet exemple me paraît un argument irréfutable, et si jamais la participation était imposée, on voit également, par cet exemple, les variations de salaire qui en seraient la conséquence pour des ouvriers de mérite identique : ceux de la Compagnie du Nord, qui est la plus prospère, recevraient des sommes importantes; ceux du réseau de l'Etat, absolument rien.

Dans cet ordre d'idées, comme d'après les faits, il nous paraît difficile de discuter le chapitre de la proposition qui a pour titre : *Règlement de la participation individuelle.* Nous ne comprenons pas la participation dans les industries de l'Etat; si l'Etat juge que son personnel mérite des primes ou des gratifications, il doit les donner. Il peut alors établir les conditions auxquelles il les donnera, la durée du service, le taux qu'il peut fixer annuellement, le compte spécial, les conditions de la liquidation du compte. Qu'il applique dans ce but le règlement qu'il jugera le plus juste, le plus libéral, nous y applaudirons; mais, il ne saurait y avoir là, participation aux bénéfices. Cette participation, si difficile dans l'industrie, ne sera jamais applicable aux monopoles, ni aux établissements industriels que l'Etat peut avoir dans ses mains.

Enfin, avant d'arriver à la proposition de loi, le projet examine encore la question de savoir quel doit être le rôle de l'Etat dans la question sociale?

Cette fois, la parole est à M. Chollet [1]. Nous ne pouvons le citer textuellement; nous voyons qu'il déplore la théorie un peu barbare, dit-il, de la concurrence vitale. Il est, en effet, impossible de méconnaître que la concurrence est excessive et, bien certainement, cette concurrence sans limites agit sur le salaire; mais l'ancien chancelier de fer de l'Allemagne, qui nous attaque indignement quand il s'écrie « qu'en France, l'ouvrier a le droit de mourir de faim et que l'Etat n'a pas le droit de lui venir en aide, » peut-il, malgré tout le pouvoir, presque absolu, qu'il a tenu longtemps dans les mains, établir une règle contre la concurrence? J'ai trouvé, en 1887, la houille pour coke en Westphalie, au prix incroyable de 19 marks (23 fr. 75) les 10 tonnes, sur le carreau de la mine. Quel était à ce prix le taux du salaire?

Nous devons reconnaître que la concurrence excessive, qui règne presque partout dans les pays libres, a des conséquences fort dures pour de nombreux intérêts et en particulier pour les intérêts des ouvriers dont le salaire est, dans une certaine mesure, lié aux prix de vente. Nous traiterons cette question, en parlant prochainement du salaire, et à ce sujet nous dirons ce qui se pratique dans quelques pays étrangers, et notamment en Suisse et en Amérique; mais, en fait, il n'y a pas de loi contre la concurrence, il ne peut y en avoir. Les auteurs de la loi qui nous occupe n'ont certainement pas l'intention de supprimer

[1] Coup d'œil sur la crise sociale, par A. Chollet, conseiller général de la Seine.

les adjudications publiques, et ce système provoque des concurrences. Ils demandent qu'on favorise l'établissement des Sociétés coopératives, rien ne s'y oppose ; mais c'est encore un moyen de concurrence. Ils indiquent, en outre, que l'Etat devrait alléger les impôts ; nous nous associons de gand cœur à ce vœu et aussi au développement des sociétés coopératives de consommation. L'industrie a donné à cet égard les exemples les plus remarquables : en 1867, les Compagnies de Saint-Gobain, de Châtillon et Commentry, d'Anzin, etc., etc., ont créé des sociétés de ce genre, qui toutes ont donné des résultats merveilleux et qui, cependant, ont été souvent le motif ou le prétexte de grèves qui ont désolé notre pays. Il convient de rechercher pour l'ouvrier l'économie de la vie ; mais la loi ne peut intervenir pour régler le prix des matières, la concurrence ne peut être limitée. Le rôle de l'Etat peut se résumer en ces mots : il doit réprimer les abus et écarter les dangers ; jamais il ne doit songer à créer un organisme automatique qui se substitue au libre arbitre, aux libres conventions, aux efforts volontaires [1].

Et maintenant, nous avons jugé le projet de loi qui va être soumis à la Chambre des députés, à moins qu'il n'ait le triste sort de ses devanciers, et vraiment c'est ce qui serait pour lui le plus heureux ; toutefois, nous en donnons le texte [2]. Il établit nettement l'obligation d'appliquer la participation pour tout concessionnaire de l'Etat, des départements et des communes ; les conditions de cette participation seront déterminées, soit en charge des concessionnaires, soit au profit des participants ; les inventaires des concessionnaires seront contrôlés. L'Etat organisera lui-même la participation au profit des ouvriers et employés de ses chemins de fer et de ses manufactures ; il établira des inventaires conventionnels qui seront eux-mêmes contrôlés [3].

---

[1] P. Leroy-Beaulieu, *Economiste français* du 3 octobre 1891.

[2] Annexe n° 2.

[3] Depuis que ce travail a paru au *Génie civil*, la Commission parlementaire chargée d'étudier le projet de loi proposé par M. Guillemet et ses 90 collègues, a fait une enquête sur l'application du principe de la participation aux bénéfices dans les exploitations de l'Etat ; elle a entendu le ministre des travaux publics, qui s'est montré nettement opposé à ce projet. M. le ministre a présenté à la Commission une partie des objections que nous avons exposées dans le chapitre spécial consacré à cette partie de notre étude. — 1° Pour les mines : que sur 1,200 mines concédées, 800 avaient ruiné leurs actionnaires et que la concession d'une mine constituait un titre de propriété qu'aucune loi ne pouvait atteindre. 2° Pour les chemins de fer : que les chemins de fer de l'Etat ne faisaient aucun bénéfice, que l'Etat distribuait

Nous résumons nos critiques sur ce projet en en formulant la double conséquence :

*1° Que toutes les concessions de l'Etat produiront des bénéfices ;*

*2° Que l'impôt distribuera des dividendes à toutes les exploitations de l'Etat.*

C'est le bénéfice obligatoire et sa répartition par l'impôt. Jamais les promoteurs de ce système n'ont imaginé de semblables prétentions. Le socialisme d'Etat nous menace de prendre sa place en maître dans notre pays.

Peut-être, après les objections exposées dans notre second chapitre, la consultation présentée dans le troisième et l'examen de la proposition de loi de MM. Guillemet et ses collègues, pourrions-nous nous arrêter et conclure. Nous le ferions volontiers si, après ce qui précède, la conclusion ne devait être empreinte d'une certaine tristesse. Nous ne sommes pas de ceux qui s'abandonnent et perdent facilement confiance. Le salaire, tel qu'il est organisé, est attaqué injustement ; nous voulons le défendre et montrer qu'il est clair, net, souple, simple, pratique et facile. Il est juste, dès qu'il résulte d'un accord volontaire ; mais on peut le combiner de telle façon que chaque ouvrier soit pour ainsi dire intéressé à son travail, à la besogne qu'il connaît et pratique. Il ne nous déplait pas de chercher à en faire la démonstration. Nous ne sommes pas ennemi du progrès, encore moins de la liberté ; mais tout ce qui est nouveau n'est pas toujours progrès et peut quelquefois compromettre la liberté. C'est là notre sentiment pour la participation et, en dehors de l'exception, sa pratique générale nous parait présenter de graves dangers. Il est donc indispensable de voir ce que l'on peut faire, ce que l'on fait, avec les armes plus connues que nous avons sous la main. C'est ce que nous allons tenter.

---

des primes et des gratifications à son personnel ; qu'aujourd'hui, les concessionnaires de nouvelles lignes pour chemins de fer ou tramways feront toujours appel à la garantie de l'Etat, que par conséquent on ne pourrait imposer la participation sans la faire payer par l'impôt. 3° Pour les travaux publics : les uns donnent des bénéfices, les autres des pertes, la participation ne présenterait que des mécomptes.

Voilà une opposition énergique qui doit faire réfléchir les auteurs du projet. Le ministre a présenté quelques objections graves, nos lecteurs pourraient encore en signaler de supplémentaires, qui n'ont pas moins de valeur.

## CHAPITRE V

### LE SALAIRE

Définition du salaire. — Des divers modes de rémunération du travail. — Leur contrôle. — Revient des produits. — Tentatives contre la concurrence. — Le seul intérêt qui convienne à l'ouvrier est relatif aux frais de main-d'œuvre. — Statistique des salaires. — Conséquences de l'adoption du projet de loi de MM. Guillemet et de ses collègues. — Un mot des difficultés présentes.

Le salaire est aujourd'hui un mot malsonnant; nous vivons à une époque de susceptibilité nerveuse qui ajoute encore aux difficultés. Cependant, le salaire est le fruit du travail, et les travailleurs de tout rang qui produisent, dans un intérêt défini, reçoivent un salaire ; qu'on l'appelle traitement, honoraires, paie, etc., le nom ne fait rien à la chose, c'est toujours le salaire : le ministre est salarié comme l'ingénieur, comme le juge ou le médecin; comme l'ouvrier, le sénateur, le député, tous les hommes attachés à un travail, à une fonction utile, sont salariés. La sagesse des nations dit : *Toute peine mérite salaire.* Toute peine veut dire tout travail ; le travail honore et inspire la considération ; le salaire n'a rien qui puisse froisser l'âme la plus délicate : nous sommes tous salariés dans l'industrie, l'administrateur comme le manœuvre. Le salaire est le mode fondamental de la rémunération du travail, il est le seul mode pratique qui puisse donner satisfaction à l'ouvrier; tout autre mode est aléatoire et notamment celui qui nous a déjà tant occupé, *la participation aux bénéfices.* Le salaire, dit M. Ch. Lavollée dans son rapport sur la rémunération du travail [1], est une sorte de concordat entre le capital et le travail; aucune autre combinaison qui puisse le remplacer n'a été produite.

---

[1] Exposition universelle. Economie sociale, section 1, *Rémunération du travail*, Ch. Lavollée, rapporteur.

Comment est-il possible que le principe lui-même du salaire puisse être attaqué, qu'on puisse agiter les masses ouvrières, en disant que les salariés sont des esclaves? Les mots ont toujours eu dans notre pays une grande action ; toutefois, la comparaison est ici non seulement un mensonge, mais chacun peut y répondre en disant que c'est le salaire qui, en fait, a détruit l'esclavage. C'est le salaire qui rend l'ouvrier indépendant ; il n'y a plus d'esclaves, grâce à Dieu, les hommes sont libres, ils resteront libres, ou au moins, ils ne peuvent être aujourd'hui que les esclaves de leurs passions.

Voyons donc paisiblement, sans idée préconçue et avec calme, quels sont les modes divers, sous lesquels le salaire se présente dans l'industrie, étudions les conditions spéciales et variées qu'il peut affecter, en vue d'établir au mieux l'accord, la parfaite entente des intérêts, entre l'industriel et l'ouvrier.

Il nous paraît qu'avant tout, les conditions du salaire convenu entre l'ouvrier et son patron doivent être clairement réglées. C'est là la base principale de l'accord, de la parfaite entente. Si l'ouvrier est à la journée, rien n'est plus simple, il sait toujours ce qu'il gagne ; s'il est à l'heure, et cette pratique est aujourd'hui fréquente, le nombre des heures étant contrôlé, l'ouvrier sait encore très nettement ce qu'il gagne chaque jour; s'il est au mois, ce qui est plus rare, il est parfaitement fixé ; quand il travaille aux pièces, la question est plus complexe, il faut se mettre en accord, avec le patron ou son contremaître, sur la quantité d'ouvrage; il faut, en outre, que l'ouvrage soit reçu comme qualité, il y a là quelques difficultés que la pratique fait vite disparaître. Le travail aux pièces, autrement dit le travail à la tâche, quand le prix de l'unité est fixé, que l'entente est absolue, est l'un des modes de rémunération qui est, à la fois, le plus favorable au patron et à l'ouvrier ; plus l'ouvrier produit, plus il a de gain ; plus il y a de travail utile, plus le patron débourse d'argent ; il y a sur ces bases une union des intérêts qui ne peut échapper à personne. Souvent le travail à la tâche reçoit une prime, pour la quantité produite, qui dépasse une production normale. Cette prime est en dehors du chiffre fixé pour le prix de l'unité : si le travail normal comprend 12 unités et que l'ouvrier en fasse 15, l'ouvrier reçoit 15 fois le prix de l'unité, et, en outre, une prime spéciale pour la quantité qui dépasse la mesure normale ; il peut aussi avoir une prime pour la perfection de son travail, une prime pour son assiduité, une prime même pour l'ancienneté. Tout cela est facile à compter chaque jour. On voit aujourd'hui, dans beaucoup d'établissements, le travail à la tâche et les primes qui s'y rapportent, affichés quotidiennement dans les ateliers, à la suite des noms des ouvriers qui y travaillent. Les primes sont de tout genre et varient à l'infini suivant le genre d'industrie. On peut, en dehors des primes, accorder aux ouvriers ce que j'ai déjà appelé des sursalaires, pour tout ce qui intéresse l'économie du travail ; c'est-à-dire économie sur les matières utiles à la production, la houille par exemple, économie sur les déchets des matières premières destinées à la fabrication du produit fini. L'ouvrier a généralement sur ces déchets une grande action ; il peut par ses soins les réduire sensiblement, très sensiblement, il est absolument juste qu'il en soit récompensé. Il y a là encore une union parfaite des intérêts. Les déchets se mesurent aisément, et l'ouvrier contrôle facilement son compte et peut le contrôler quotidiennement.

Ce sont là les principes généraux du salaire. Le prix de la journée peut être discuté, comme celui de la tâche, comme les primes et les sursalaires, le compte de chacun ne peut donner lieu à aucune erreur et partout l'intérêt de l'ouvrier est identique à celui du patron ; mais il y a une distinction à établir pour le salaire à la journée. Quand le salaire ne répond pas à une tâche définie, l'ouvrier peut faire le moins possible ; ici son intérêt est en désaccord avec celui du patron, et c'est le patron qui est exposé à perdre. On distingue alors les bons ouvriers des mauvais et l'on écarte ces derniers. Le travail à la journée est malheureusement toujours très répandu, et le choix des ouvriers qu'on emploie a son importance. Ce genre de rémunération restera encore longtemps dans la pratique.

Quelquefois, une tâche est donnée à l'entreprise à un chef ouvrier, qui a sous ses ordres des ouvriers à la journée ; ou bien, un travail qui lie de nombreux ouvriers à un chef, est payé à la tâche et en bloc à ce chef, qui règle à la journée les ouvriers qu'il emploie. Il y a là très certainement un abus et même une injustice : tout chef d'industrie doit l'éviter et s'y opposer : il faut généralement, pour être juste, que dans toute entreprise ou travail de ce genre, le patron ou l'entrepreneur principal détermine pour chacun la portion de salaire relative à sa position dans le genre de travail qu'il exécute; c'est-à-dire qu'il fasse la répartition de la somme attribuée à l'entreprise proportionnellement aux mérites et aux fonctions de chacun des ouvriers. C'est là une règle de justice à laquelle il convient de se soumettre, pour rentrer dans le principe de l'union des intérêts, qui est le guide le plus sûr du règlement du salaire; dans ces circonstances, on doit considérer les ouvriers comme associés et régler, pour chacun, la proportion de la main-d'œuvre à laquelle il a droit.

Je dois signaler un autre mode [1] de rémunération du travail, qui mérite attention et qui a été appliqué en Amérique il y a environ une vingtaine d'années. Voici en quoi il consiste. Le salaire, soit dans les mines, soit dans certaines exploitations, suit une échelle mobile en rapport avec le cours commercial du produit. C'est un travail à la tâche, mais le prix minimum de l'unité est fixé à un cours défini, et c'est quand le produit se vend au-dessus de ce cours que le taux du salaire augmente, suivant une échelle déterminée. C'est là un mode de rémunération du travail qui se trouve lié, non pas précisément aux bénéfices, car les bénéfices varient avec chaque exploitation et dépendent de faits très complexes; mais variable avec le cours commercial, qui a sur les bénéfices une influence prépondérante. C'est là un système qui nous paraît à la fois simple et pratique, qui peut surtout s'appliquer aux matières premières et notamment aux combustibles, aux minerais. Il a le grand avantage d'écarter tout contrôle de comptabilité, de bilan; il en a un qui est plus sensible encore pour l'ouvrier, c'est celui de pouvoir fixer, dans les exploitations de même produit, un salaire presque identique pour des ouvriers d'un même mérite; il est donc plus pratique que la participation aux bénéfices, tout en reposant sur un principe qui s'en rapproche. Malheureusement, il se prête moins bien aux œuvres patronales qui se rattachent aux retraites, aux Sociétés mutuelles. Il n'y a pas cependant impossibilité d'établir ce lien important. On peut

[1] Je n'indique ici que très succinctement les divers modes de rémunération du travail. Pour plus de détails, je prie les lecteurs de vouloir bien se reporter à mon étude spéciale sur cette question. Editeurs, Guillaumin et Cie.

aussi l'appliquer au salaire aux pièces en faisant une part spéciale des primes et des sursalaires. Il est maintenant utile d'exposer les motifs qui militent en faveur du système de rémunération du travail à la tâche, encouragé par les condiments divers, de primes et sursalaires dont nous avons parlé, et faire la comparaison de cette pratique, très répandue dans l'industrie, avec le système de la participation. Nous avons déjà établi cette comparaison dans l'étude sur les divers modes de rémunération du travail que nous avons rappelée ; mais l'objet principal de l'étude qui nous occupe en ce moment étant l'examen de la participation, nous devons chercher à l'établir ici très complètement.

La France n'est pas seule au monde, elle a dans l'industrie des concurrents redoutables. Le chiffre de ses importations est toujours plus élevé que celui de ses exportations; pendant l'année 1891, les importations se sont élevées à 4,921,359,000 fr., en augmentation de 484,451 fr. sur les importations du précédent exercice; les exportations ont atteint le chiffre de 3,627,116,000, en diminution de 126,342 fr. sur l'année 1890, durant laquelle les exportations se sont élevées à 3,753,458,000 fr. Il importe donc que nous réduisions nos revients; c'est un moyen, le plus efficace, bien certainement, pour pouvoir lutter avec l'étranger sur les marchés des divers pays importateurs. Comment réduire les revients? Les matières premières et les frais généraux y jouent certainement un grand rôle. Mais la main-d'œuvre y occupe souvent la première place. Il faudrait donc, au point de vue général de l'intérêt français, pouvoir la réduire, et partout elle tend à s'accroître. Cette tendance est fondée autant par les charges directes et indirectes des impôts, que par le désir légitime d'une amélioration nécessaire du logement, de l'instruction, et en général du bien-être. Il faut donc chercher à satisfaire à cet intérêt particulier et aussi à l'intérêt général, et nous croyons que, pour y arriver, il faut améliorer l'outillage, en cherchant et appliquant celui qui réduit les frais de main-d'œuvre, et intéresser particulièrement l'ouvrier sur tous les éléments du travail qu'il a dans ses mains, qu'il connaît, qu'il juge; c'est par l'ensemble de ces moyens qu'il arrivera au résultat qu'il ambitionne, avec raison, mais il faut qu'il y arrive par des efforts personnels. Ce résultat ne saurait lui être donné régulièrement par une participation dans des bénéfices aléatoires.

La concurrence a, sur le salaire, une action que nous ne pouvons pas oublier. Jamais elle n'a été plus active, on peut dire plus violente, plus acharnée : et comme la main-d'œuvre a son influence sur le revient, quand la lutte est extrême, quand il s'agit de vivre ou de mourir, il arrive qu'on est quelquefois dans l'obligation douloureuse de la réduire. Il faut savoir subir ces épreuves, mais il faut savoir faire effort pour y porter remède. On peut pratiquer deux moyens : lutter par l'entente entre les producteurs, pour le maintien des prix, en limitant la production, c'est l'un des moyens; on le pratique avec succès en Suisse. On me signale notamment les syndicats des fabriques de broderies de Saint-Gall, celui des fabriques d'indiennes de Glaris et le syndicat des fabriques de montres. Ces associations n'ont pas seulement pour but le maintien d'un cours rémunérateur, elles étudient ensemble les moyens les plus avantageux d'améliorer leur fabrication et de réduire leur revient, elles écartent l'aveugle concurrence en organisant la vente en commun, elles ont des agents qui visitent le monde entier, et c'est ainsi que Glaris, particulièrement, est parvenu à se substituer à l'Angleterre pour le commerce considérable des turbans aux Asiatiques. Saint-Gall exporte pour 200 millions de broderies, et le commerce des montres va toujours croissant, il s'élève aujourd'hui à 100 millions. Cette solidarité des producteurs a non seulement le précieux avantage d'enrichir le pays par les exportations, mais elle a résolu le problème du salaire régulier, même de son accroissement continu.

La lutte contre la concurrence est également organisée en Amérique, mais elle n'a pas le caractère particulier de celle que je viens d'exposer en quelques mots. Il s'agit, en Amérique, de la constitution de coalitions industrielles qui, détruisant toute concurrence, prennent un caractère dominateur dont les conséquences inquiètent le pays. Certains Etats jugent les associations illégales, d'autres les protègent [1]. Cette lutte ne paraît pas avoir d'action sur le salaire. M. Cl. Jannet dit, dans l'article que nous signalons, qu'il est inexact de prétendre qu'aux Etats-Unis la concentration de la richesse d'un côté et la pauvreté de l'autre aillent toujours croissant. Il rend compte à ce sujet d'un

[1] Voir la *Revue d'Economie politique*, novembre 1891 ; voir aussi le *Correspondant* du 25 novembre 1891. *Les faits économiques et le mouvement social*, par Cl. Jannet.

travail statistique de l'Etat de Massachussets qui est de grand intérêt, qui témoigne à la fois du bénéfice limité de l'industrie, souvent en perte comme partout, et de salaires moyens satisfaisants pour les ouvriers.

Ce qu'il convient de dire ici au sujet de l'Amérique, par rapport à la question qui nous occupe, c'est la préoccupation constante des industriels de ce pays pour la perfection de l'outillage, en vue de la réduction du revient, et aussi l'attention toute particulière que ce riche pays apporte à l'étude de son matériel; il nous est rapporté que ce matériel est merveilleux que les ateliers sont des palais, que les salaires y sont élevés, que l'ordre et la discipline sont parfaits. La base de la rémunération du travail est la production ; c'est le travail à la tâche, que nous ne saurions trop préconiser, qu'on y applique très généralement. Je tiens ces lignes d'un industriel français, qui occupe cinq mille ouvriers, dont les produits sont connus du monde entier et qui étudie particulièrement ce qui se pratique en Amérique. J'espère qu'elles seront lues avec intérêt et qu'elles engageront nos manufacturiers à bien connaître ce qui se fait dans ce pays au point de vue de l'outillage, surtout à en tirer profit.

Tout ceci intéresse la question du salaire, c'est-à-dire la main-d'œuvre, et par conséquent nos revients, c'est-à-dire notre commerce d'exportation, et comme tout se lie dans l'industrie, il faut savoir ce qui se passe partout.

Quant à la participation aux bénéfices, il est peu probable que la Suisse et l'Amérique songent à en faire l'application ; on y verra des exemples exceptionnels qu'on pourra louer, mais qu'on ne généralisera jamais.

Nous avons déjà répété souvent que l'industrie ne pouvait produire que des résultats incertains et essentiellement variables ; il en est ainsi partout et peut-être encore plus en Amérique qu'en France ; par conséquent, ses bénéfices ne sauraient être une base solide de la rémunération du travail que dans des circonstances absolument exceptionnelles. Au contraire, le travail à la tâche, encouragé par des moyens divers, que nous avons indiqués, a cet avantage précieux, de pouvoir être appliqué aussi bien par les maisons qui traversent des épreuves difficiles que par celles, très rares, qui réalisent des bénéfices à chaque inventaire. Je dirai même que ces maisons, dont la vie est laborieuse, qui n'entrevoient le succès que dans un certain avenir, ont, plus que celles qui sont toujours heureuses, un intérêt marqué, très puissant, à pratiquer chez elles le travail à la tâche avec prime, parce que ce système leur donnera à la fois le plus bas prix de la main-d'œuvre avec le produit le plus parfait, et satisfera parfaitement l'ouvrier par un salaire rémunérateur, obtenu par des efforts personnels. Les deux intérêts sont là parfaitement identiques, et la paix est naturellement établie, tandis que si vous appliquez la participation, elle pourra satisfaire les ouvriers qui auront la bonne fortune d'être dans un établissement prospère ; mais le principe donnant aux autres un résultat négatif, mécontentera tous ceux qui seront dans des établissements malheureux, et le fait étant public, portera atteinte au crédit de ces établissements et compromettra leur existence. Par conséquent, son application sera nuisible et dangereuse à tous les intérêts. Cette observation nous paraît d'un grand poids et prouve combien il faut étudier avant de généraliser un système. La participation est un mode de rémunération qui peut avoir ses avantages, mais son application ne peut se faire que dans des cas absolument exceptionnels. C'est, du reste, ce qui existe.

Si les promoteurs de ce système attachent une si grande importance à sa pratique, c'est que, dans leur pensée, cette pratique aura non seulement pour les ouvriers, mais aussi pour le pays, des résultats favorables ; il faudra donc que son influence sur le salaire soit sensible. Il ne s'agit pas alors que la participation donne à l'ouvrier trois, cinq et même dix pour cent de son salaire ; il convient qu'elle en soit une partie notable, le quart ou le tiers, et alors nous voyons nettement la variation que va subir le gain des ouvriers de même mérite. Si le salaire normal est de 1,500 fr. par an, on réduira la partie assurée à 1,000 fr., et la seconde partie, essentiellement variable, pourra être 1,000 fr. pour les uns, et zéro pour les autres : si au contraire la participation est de 5 % seulement, ce pourra être 50, 60, 100, 150 fr. par an. et je crois que, jusqu'à présent, les parts attribuées aux ouvriers n'ont guère dépassé la limite de 150 fr. par an, variant de 40 à 150 fr. ; c'est alors un adjuvant, ce n'est pas un salaire, et réellement ce ne peut être un salaire.

Nous mettons ici des chiffres pour mieux fixer les idées. Si la participation est insignifiante, et nous sommes assez disposé à croire qu'elle sera toujours modeste, puisque le salaire normal doit assurer la vie, ce sera bien peu de chose, tandis que le salaire à la tâche avec prime et sursalaire forme un ensemble d'intérêts qui encourage l'ouvrier à tous les moments de son travail et qui, par conséquent, l'unit sans conteste à l'intérêt de la maison à laquelle il est attaché, j'allais dire à sa maison.

L'ouvrier mérite une part très large de l'économie de main-d'œuvre, due à son action personnelle, c'est-à-dire à son habileté, à ses soins, à son assiduité [1]. Cette part est aujourd'hui d'un intérêt limité, du fait des progrès de l'outillage, qui a pour but principal de réduire, non pas le salaire, mais les frais de main-d'œuvre, ce qui est tout différent; cependant, l'action de l'ouvrier existe toujours, son importance est d'autant plus grande, que l'ouvrier est plus habile et possède au plus haut point le sentiment de son devoir; mais, en dehors du travail aux pièces, en dehors de la réduction des déchets, en dehors des éléments qui ne sont pas dans la main-d'œuvre elle-même, il est difficile de trouver où peut se produire l'action de l'ouvrier sur le revient. Dans certains cas particuliers, quand il s'agit d'un ouvrier d'élite à divers points de vue, il peut devenir entrepreneur de main-d'œuvre et arriver à la réduire par des efforts spéciaux. C'est là une situation exceptionnelle, qui lui donne une position supérieure, le fait se présente rarement. Nous avons déjà dit comment, dans ces conditions, il convenait de répartir le salaire de l'entreprise. M. X. Rogé, maître de forges et président du tribunal de commerce de Nancy, appuie ces vues et toutes celles qui, en améliorant le salaire, réduisent la main-d'œuvre, par conséquent les prix de revient, et étendent ainsi le marché français. Nous approuvons hautement cette manière d'appliquer le salaire et d'intéresser l'ouvrier à ce qu'il connaît le mieux; c'est là un moyen très honorable pour lui d'améliorer sa position et d'arriver à une certaine indépendance méritée, qui doit rester dans des limites modestes; car, aujourd'hui plus que jamais et dans toutes les positions, nous dépendons toujours d'une force qui nous est supérieure; la lutte pour la vie existe partout, il faut savoir l'accepter. Nous ne saurions trop insister pour affirmer que, dans le revient de nos produits, l'action de l'ouvrier se borne à une partie de la

---

[1] X. Rogé. *Appréciations sur la participation des ouvriers aux bénéfices dans l'industrie.* Nancy, imprimerie Nancéienne, 1, rue de la Pépinière, 1885.

main-d'œuvre, et que la main-d'œuvre doit être organisée de manière à donner à l'ouvrier la plus large part possible relativement à ses efforts pour la réduire.

Nous revenons encore sur le salaire variable suivant une échelle mobile, en rapport avec le cours commercial du produit; c'est là un mode que l'ouvrier peut apprécier et contrôler, il convient bien aux matières premières, mais il est beaucoup plus difficile de l'adapter aux produits complexes, qui subissent les cours élevés des matières premières; cependant il ne serait peut-être pas impossible, en étudiant la question, de pouvoir faire application de ce système à un assez grand nombre de produits; ce serait un moyen d'entente précieux, car il réglerait, par avance, les conditions variables du salaire et pourrait écarter des réclamations toujours délicates dont les conséquences peuvent être fâcheuses.

J'ai déjà signalé d'autres avantages de ce système qui est appliqué avec succès en Amérique.

Autant il nous parait nécessaire et absolument juste d'intéresser l'ouvrier au salaire proprement dit et de régler ce salaire de telle façon qu'il puisse le contrôler chaque jour, autant il nous est difficile de comprendre l'intérêt qu'il peut trouver, d'une manière générale, à toute combinaison qui lie son salaire à l'ensemble des bénéfices d'une affaire, puisqu'ils reposent sur tous éléments auxquels il est absolument étranger; éléments qui, en dehors des frais généraux, qu'il ne saurait apprécier, comprennent les prix des matières premières rendues à pied d'œuvre et les prix de vente des produits finis, c'est-à-dire les achats et les ventes, c'est-à-dire encore les opérations de la direction ; opérations qui sont faites ou déterminées par une seule personne ou par un Conseil d'administration, que l'ouvrier ne saurait non seulement ni juger ni apprécier, mais dont il n'a et ne peut avoir aucune idée. Il y a encore l'organisation technique de l'industrie à laquelle il ne peut davantage. Si l'on ne veut pas troubler l'esprit des ouvriers, il faut les laisser dans leur domaine et faire que ce domaine soit organisé de façon à les intéresser à ce qu'ils peuvent comprendre, à ce qu'ils savent. Oui, certes, il faut les intéresser; on ne saurait trop le faire. Mais si on veut les intéresser à ce qu'ils ne peuvent comprendre, on les expose à des mécomptes, à des mécontentements, et, par conséquent, à des dangers, — et à des dangers très graves.

Nous ne pouvons quitter cette question des conditions normales du salaire, sans dire au moins quelques mots de l'étude à laquelle elle a donné lieu, à l'occasion de l'exposition du groupe de l'Économie sociale en 1889.

M. Ch. Lavollée, rapporteur spécial de la section qui a pour titre « Rémunération du travail, » donne un souvenir à la doctrine du *fonds des salaires*, qui n'a plus qu'un intérêt historique. Le distingué et très expérimenté rapporteur n'a aucune difficulté à démontrer qu'aujourd'hui l'abondance des fonds de roulement des industries est plus que suffisante pour assurer le service du salaire, que la preuve en est dans les stocks considérables des produits de toute nature, et que souvent même l'abondance de ces stocks est un embarras qui peut devenir un danger. La théorie de la loi d'airain, qui est une arme de combat aux mains des socialistes, ne saurait être soutenue vis-à-vis des ouvriers observateurs de nos grandes industries. Le salaire de l'ouvrier n'est pas enfermé dans les limites étroites des besoins indispensables à sa vie ; on ne peut donner cette affirmation générale, quand, dans une même usine, le salaire quotidien varie de 2 fr. 50 à 10 et 12 fr., on ne peut soutenir que la loi d'airain soit la base du salaire. Le salaire peut descendre à la limite des besoins nécessaires pour l'ouvrier manœuvre ; mais ce nécessaire varie suivant les pays, suivant les us et coutumes. Nous avons en outre à constater les augmentations considérables dont le salaire a profité, surtout depuis 1830 ; ces augmentations ont profité autant aux ouvriers agricoles qu'aux ouvriers de l'industrie. Cet état d'amélioration est indiscutable ; c'est aussi la conclusion de M. Ch. Lavollée, qui constate, comme un des signes du temps, que la productivité du travail cherche sa rémunération dans des compléments variés du salaire journalier. C'est surtout ce que nous avons voulu signaler en parlant du travail à la tâche, des primes, des sursalaires.

M. E. Cheysson aurait voulu pouvoir préciser la progression des salaires, en s'appuyant sur une statistique établie sérieusement, dans des conditions qu'il a définies dans une étude sur le salaire, publiée en 1884 [1]. Il expose comment se font les statis-

---

[1] *Le salaire au point de vue statistique, économique et social*, rapport fait à la Société d'Économie sociale, 174, boulevard Saint-Germain. E. CHEYSSON 1884.

tiques dirigées par l'administration, le peu de foi qu'on peut avoir dans les chiffres moyens qu'elles nous apportent; il serait donc d'un grand intérêt de posséder des chiffres exacts; à leur défaut, chacun peut regarder autour de soi, et personne ne méconnaitra les améliorations qui existent. Toutes les combinaisons que nous signalons sont appliquées à l'envi et le seraient bien plus encore, si les ouvriers et les patrons se rapprochaient davantage, comme il est de leur intérêt de le faire, et comme, nous voulons l'espérer, ils le feront; ils assureront ainsi par leur contact et les progrès qui en seront les effets, un nouvel accroissement de bien-être.

Nous trouvons, dans le rapport de M. Léon Say, rapporteur général du groupe de l'Economie sociale, cette vérité, que nous croyons avoir établie dans ce chapitre même. L'augmentation légitime de la part qui revient au travailleur est celle qui peut être prélevée sur l'abaissement du prix de revient. *Le bon marché est un progrès* et le travailleur lui-même est le premier qui en profite. Nous avons défendu cette vérité, avec un certain amendement, que cette part doit être très large, quand il s'agit de cette portion du prix de revient qui est spéciale à la main-d'œuvre, parce que, dans cette part, l'ouvrier a souvent une action spéciale qui doit toujours être largement récompensée. Nous le disons avec l'éminent rapporteur général du groupe de l'économie sociale, c'est l'économie du revient qu'il faut chercher, parce que cette économie favorisera, élargira notre commerce extérieur. Ce sont les exportations qui, au point de vue général, nous intéressent particulièrement.

M. Ch. Lavollée termine son rapport spécial sur la rémunération du travail, par une déclaration que je vais citer textuellement :

« Tous les documents s'accordent, dit-il, à signaler dans les différents pays l'évolution vers la concentration industrielle, vers l'agglomération des capitaux et des ouvriers, et l'on n'aperçoit nulle part que cette évolution s'opère au préjudice de la main-d'œuvre. Si quelques regrets s'attachent à la diminution graduelle des petits ateliers, ils sont inspirés uniquement par des considérations morales et sociales qui méritent en effet la plus sérieuse attention. »

Ces paroles sont très justes. L'évolution que M. Ch. Lavollée constate ne s'opère pas au préjudice de la main-d'œuvre.

Nous croyons avoir démontré que le salaire, si injustement attaqué, est un merveilleux outil, d'une souplesse infinie, indéfiniment perfectible, qui a le grand mérite d'être compris par l'ouvrier d'élite comme par le plus simple manœuvre, et de pouvoir être contrôlé et discuté par chacun. Il est le résultat du labeur des siècles, il permet d'intéresser à son travail le plus modeste des ouvriers. Tout ce que nous avons dit à son sujet s'appuie sur des faits et aucun de ces faits n'est exceptionnel; on les trouve dans les ateliers de tous les pays. Sans doute le salaire n'est pas une institution parfaite, et souvent encore, ce mode de rémunération du travail n'est pas à l'abri des critiques; mais il est supérieur à tout ce qu'on peut proposer. L'un de ses grands avantages, c'est d'uniformiser, autant qu'on peut l'espérer, la rémunération qu'on doit aux ouvriers d'un même mérite. C'est ce fait qui lui donne une supériorité incontestable, parce que c'est là un résultat d'une justice indéniable. Le salaire est perfectible et sa perfection se trouvera toujours dans les moyens qui, en l'améliorant, réduiront la main-d'œuvre des produits.

Il n'y a là rien de paradoxal; il faut réduire la main-d'œuvre et améliorer les conditions du salaire. C'est par la division du travail et par l'emploi de l'outillage perfectionné qu'on doit y arriver, qu'on est déjà arrivé, pour toutes les industries, à réaliser ces progrès, et ces progrès sont imposés de plus en plus à tous les pays; ces progrès sont liés aux revients des produits finis, et c'est la réduction du revient qu'il faut toujours avoir en vue, on ne saurait trop le répéter. L'ouvrier observateur, habile, intelligent, dévoué à son devoir, peut nous aider beaucoup dans cette tâche. La main-d'œuvre est son élément, ses chefs peuvent concevoir les moyens de la réduire, mais c'est toujours lui qui les appliquera, et c'est sur ce point, qu'il est réellement dû à l'ouvrier une part spéciale justement méritée. Sur le terrain de la main-d'œuvre, on ne peut trop faire pour intéresser l'ouvrier, parce que là il peut faire beaucoup lui-même, et c'est par les primes et le sursalaire, par des procédés simples et qu'il peut parfaitement saisir, qu'on y arrivera. Il convient de développer ces moyens de plus en plus, parce qu'ils ont pour conséquence la solidité de l'industrie et la possibilité pour notre pays de produire pour l'exportation. Mais, en vérité, quand on présente la participation des ouvriers aux bénéfices comme un moyen infaillible de résoudre les difficultés présentes, quand on affirme que là est le nœud de la question sociale, quand, en présence de l'impossibilité de l'imposer à l'industrie, on veut par une loi l'imposer aux concessionnaires de l'Etat et la faire pratiquer, par l'impôt, dans les exploitations de l'Etat, nous sommes profondément attristé et nous nous demandons où l'on nous conduit. Si cette loi était adoptée par nos Parlements, ce ne serait pas un exemple de la participation aux bénéfices qui nous serait donné, mais un exemple d'organisation du salaire par l'impôt, c'est-à-dire un acte de socialisme d'Etat d'un caractère particulièrement injuste [1].

Il est impossible de prévoir où l'on s'arrêterait dans cette voie. Les promoteurs de la participation aux bénéfices vont bien loin, beaucoup plus loin que la Société fondée pour la défendre et la vulgariser, dont nous citions les vues avec éloge, dans les premières pages de ce travail. « Cette société, disait alors M. Ch. Robert, exprime au sujet du salaire les vues les plus libérales, elle ne présente pas la participation aux bénéfices comme un remède spécial aux difficultés sociales, elle cherche les avis, les observations, les jugements des hommes de bonne volonté en situation de l'éclairer, etc., etc. » Les auteurs de la loi que nous avons discutée sont loin de montrer cette patiente sagesse, leur impatience est un témoignage d'ardeur, mais aussi de faiblesse; ils feraient bien de prendre les avis des partisans de la participation, tels que MM. Jules Simon, Léon Say, Emile Levasseur, que nous avons eu occasion de citer, et aussi de lire notre consultation dans les divers pays, qui donne l'avis de publicistes éminents et de grands manufacturiers; ils éviteraient ainsi une tentative qui, aux mains de l'Etat et dans ses usines, ne peut

---

[1] Nous avons démontré dans notre brochure sur la paix des ateliers, que le socialisme d'Etat doit être repoussé au même titre que socialisme révolutionnaire. Le résultat de leur contrainte sera toujours d'anéantir l'action individuelle, qui est la force la plus puissante de l'état social. M. G. Picot a traité cette question plusieurs fois, on sait avec quel talent et quelle science. Nous recommandons particulièrement sa conférence à Amiens du 3 décembre 1890, qui se rattache à notre étude, elle a pour titre : « Les moyens d'améliorer les conditions de l'ouvrier. » (Voir la *Réforme sociale* du 1er janvier 1891.) Chacun s'occupe aujourd'hui de l'ouvrier; c'est une nécessité; mais, je dirai encore ici à l'ouvrier qu'il a aussi le devoir de s'occuper beaucoup de lui. Il a ses droits et même quelques privilèges; qu'il use de ses droits avec sagesse et qu'il ne recherche pas la faveur. Les privilèges sont des injustices, il n'en faut au profit de personne, et si l'on avait la faiblesse d'en mettre dans les lois ouvrières, les ouvriers pourraient bien un jour le regretter. A. G.

avoir aucun caractère pratique, mais peut conduire les ouvriers aux illusions les plus étranges et les plus dangereuses.

Nous avons dit tout ce que nous pouvons dire ici du salaire, nous ajouterons cependant que tout n'est pas fini pour une société industrielle, quand elle a payé le salaire de l'ouvrier. Certainement, en droit, elle ne lui doit plus rien, c'est aussi exact que rigoureux. Toutefois, les chefs d'industrie ont d'autres devoirs à remplir.

L'ouvrier n'est pas une machine pour laquelle tout est fait quand on lui a fourni l'élément de la puissance et lubrifié ses organes; il est un homme, il est un autre nous-même. Nous avons dit les progrès merveilleux de la science; depuis soixante ans l'industrie a subi du fait de ces progrès une transformation complète [1], et la science marche toujours, et toujours l'évolution vers la concentration industrielle suit les progrès de la science, qui reste victorieusement la seule base de l'avenir de l'industrie. L'ouvrier se trouve perdu dans ces vastes agglomérations. Le trouble général qui se produit est facile à comprendre, nous ne devons pas nous y arrêter pour redouter l'avenir, mais nous devons nous y arrêter pour chercher et trouver des solutions équitables, qui ne seront pas des illusions et ne nous exposeront pas à de nouveaux dangers.

L'entente sur le salaire est certainement un point important; si puissante que soit cette condition de la paix sociale, elle n'est pas la seule, et quand je dis que l'ouvrier est un autre nous-même et que tout n'est pas fini avec lui, quand on lui a compté son salaire, j'entends dire qu'il est un collaborateur sérieux de l'industrie, que les industriels lui doivent un concours moral qui est indispensable à la paix. Le salaire ne suffit pas, il s'accroît partout, et au fur et à mesure qu'il augmente, l'état de tension redouble. On le voit à chaque instant, dans toutes les grèves, dans tous les congrès, les camps sont séparés, les armées en présence, le lien moral n'existe pas, le bienfait des bonnes relations est méconnu, le bienfait n'inspire plus confiance, on le repousse; il s'est établi, entre l'ouvrier et ceux qui l'emploient, des hommes qui n'ont d'autre pensée que celle de créer et d'entretenir les discordes. C'est une caste à part, dont

---

[1] *La Paix des ateliers*, A. Gibon. Guillaumin et C^ie^.

l'importance croit chaque jour, qui chaque jour s'organise avec une nouvelle force; elle s'appuie sur les passions, elle entraine les masses. Les chefs d'industrie ont eu le grand tort de négliger cette puissance funeste, ils ne lui ont jamais fait résistance.

Les œuvres patronales qui sont répandues en France dans de très nombreux établissements ne sauraient trop s'étendre. Les chefs d'industrie ne doivent pas se décourager. Ces œuvres font leur honneur, on les trouve dans nos chemins de fer, dans nos mines, dans nos forges et dans nos industries les plus diverses. L'exposition d'Economie sociale les a mises en évidence; il ne faut cesser de les faire connaitre, de les citer comme modèles et de les pratiquer. Les ouvriers ne peuvent les méconnaitre, et, dans tous les cas, les reconnaitront, quand on aura écarté d'eux les hommes néfastes qui se déclarent eux-mêmes les chefs de la guerre sociale. Il faut donc écarter ces hommes dangereux, et pour les écarter, je ne vois qu'un moyen, c'est celui de rapprocher les ouvriers des industriels, d'établir partout le contact permanent. C'est de régler les différends qui peuvent se produire, comme on les règle en famille, sans l'intervention d'étrangers qui, comme certains hommes d'affaires méprisables, n'interviennent jamais entre les parties que pour aggraver leurs désaccords, qui font leur fortune. Ce terrain est parfait, il n'est pas difficile à trouver, c'est là où nous pouvons dire avec raison que la bonne volonté peut avoir de précieux résultats.

## CHAPITRE VI

### INSTITUTIONS PATRONALES

Application fréquente du programme de la participation aux institutions patronales. — Conditions générales qui peuvent conduire à la participation. — Section XIV, des institutions patronales à l'exposition universelle de 1889. — Nombre d'ouvriers qui profitent de ces institutions. — Ce qu'elles sont à Blanzy. — Au Bon Marché. — Aux houillères d'Anzin. — A Baccarat. — Au Creusot. — A la maison Mame. — A la Vieille-Montagne en Belgique. — Quelques mots du foyer de l'ouvrier. — Sentiments de F. le Play sur les difficultés entrevues. — Action des agitateurs et des utopistes. — Grève récente du bassin houiller du Pas-de-Calais.

Nous avons dû, dans les chapitres qui précèdent, montrer les illusions et les dangers que la participation présente, quand on veut l'envisager comme moyen de réorganiser le salaire ; nous n'avons qu'à confirmer tout ce que nous avons dit à ce sujet. Mais, dans cet article, où nous avons l'intention de parler des institutions patronales, nous manquerions à notre devoir, si nous n'affirmions bien haut, que la plupart des industriels qui ont appliqué la participation ont tenu, au moins soixante sur quatre-vingts, à faire application du capital, que ce système a pu produire, à la constitution d'œuvres de prévoyance. C'est à ces œuvres délicates et difficiles, qui témoignent l'intérêt sincère que l'on porte à la classe ouvrière, que la plupart des participationnistes ont pensé. On en juge aisément en examinant le tableau dressé en 1885 par la société fondée par M. Ch. Robert, et nous savons que le président dévoué de cette société a toujours eu à cœur de préconiser l'application de ce supplément de salaire, soit en totalité, soit en partie, à la constitution d'un capital individuel ou d'une retraite également individuelle ; toutefois, quand la somme répartie était trop faible, ce qui arrive trop souvent, il conseillait une œuvre de société mutuelle. On connait peu les résultats obtenus jusqu'ici, on peut citer quelques exemples heureux ; mais, en somme, on n'a pas encore constaté beaucoup de faits précis. Ces faits ont leur importance, nous avons le regret de ne pouvoir les développer; au moins, avons-nous la satisfaction de signaler les efforts qui ont été tentés dans ce sens et d'en rendre hommage à leurs auteurs.

Il nous paraît que ces efforts appuient singulièrement cette pensée, que pour beaucoup d'établissements industriels l'application du système de la participation a été le *couronnement de l'édifice du patronage*.... Il est bien difficile qu'il en soit autrement : un chef de maison peut-il, de prime abord, associer aux résultats de ses efforts des ouvriers inconnus? Pour promettre et s'engager à donner une part de bénéfice à un personnel, ne faut-il pas avoir la certitude de réaliser ce bénéfice? Jamais on ne fera une position de ce genre, sans bien connaître le résultat de son industrie, ni sans bien connaître les mérites de ceux qui sont chargés du service de la main-d'œuvre. Il est à la fois juste et très naturel qu'il en soit ainsi. Quand cette situation est connue, on peut songer à régler les conditions auxquelles on consent librement, spontanément, à organiser chez soi ce mode spécial et très exceptionnel de rémunération, quel sera le tantième accordé et aussi l'application que l'on en fera.... et, certainement, si la pensée qui conduit le chef de maison est bien celle que je cherche à traduire, le chef de maison songera à l'avenir, il fera œuvre de prévoyance; à notre avis, c'est ce qu'il pourra faire de mieux.

Si tout ceci est vrai, est-il donc bien étonnant que la participation soit un fait exceptionnel? Le contraire nous surprendrait beaucoup. Cette observation, toute pratique, nous donne la preuve qu'il faut un personnel d'élite pour pouvoir l'appliquer et un chef de maison d'un caractère peu commun, qui a tout étudié, tout prévu, pour en tenter la mise en œuvre. J'ai conclu de ces réflexions, que le fait serait toujours rare et je confirme encore cette opinion. Aujourd'hui, on veut presser les industriels, pour obtenir d'eux l'application de ce système. Le projet de M. Guillemet et de ses collègues en donne le témoignage; nous avons discuté ce projet, nous n'y reviendrons pas, mais son but évident et irréalisable est d'établir la participation officielle obligatoire [1]. Nous n'hésitons pas à dire que c'est là une idée malheureuse. Si jamais les Chambres la formulaient dans une loi, cette loi serait vraisemblablement fatale à la participation.

[1] *Economiste français* du 28 nov. 1891. E. Brelay.

La participation est rare, très rare, elle n'est certes pas appliquée par un industriel sur mille ; les hommes dévoués qui la pratiquent l'ont fait spontanément, d'autres pourront les imiter, mais tous repousseront la pression légale, toute mesure d'un caractère obligatoire : et, si ce système était, comme le prétendent MM. Guillemot et ses collègues, le *seul salut de la société*, on pourrait dire, avec raison, que cette loi en préparerait la ruine. Heureusement, il n'en est pas ainsi. Nous avons démontré qu'il existait des modes de rémunération, qui lient parfaitement les intérêts du travail à ceux du capital. Nous allons donner la preuve qu'il existe, dans la pratique de notre pays, des institutions patronales inspirées par un désintéressement beaucoup plus généreux encore que celui qui conduit à la participation aux bénéfices. Il importe à la discussion de les mettre en évidence.

Nous tenons principalement à nous appuyer sur des documents indiscutables, et grâce à l'exposition d'économie sociale en 1889, ces documents abondent ; nous n'avons qu'à ouvrir les rapports du jury international, qui intéressent le groupe de l'économie sociale, pour y trouver les témoignages irrécusables d'actes qui inspirent l'admiration et le respect pour un grand nombre de nos industriels.

M. G. Berger traçait en ces termes les instructions auxquelles étaient invités à se conformer les industriels appelés à placer sous les yeux du public les institutions patronales diverses qu'ils pratiquaient dans leurs manufactures :

« Cette section, disait-il, est un cadre où les chefs d'exploitation peuvent grouper leurs efforts, en vue d'améliorer la situation matérielle et morale de leurs coopérateurs ; ils devront d'abord définir le milieu et les généralités de leur exploitation, et décriront ensuite, avec des détails statistiques, techniques et financiers, les institutions qu'ils ont fondées et leurs résultats. »

On ne pouvait mieux dire. Cet appel a été entendu ; les industriels, un grand nombre d'entre eux du moins, y ont répondu, et le groupe d'économie sociale a figuré dignement à l'Exposition universelle ; les documents qu'il a produits forment un enseignement, dont l'importance a été proclamée par tous ceux qui ont parcouru la modeste installation qui les abritait.

On trouve dans ce groupe une section spéciale affectée à la participation ; nous venons de signaler ce qu'elle a fait au point de vue patronal. Nous avons rendu à ses aspirations un hommage mérité. La participation n'a pas dans l'industrie une place qui lui permette de faire beaucoup. Le salariat est au contraire la règle générale; on l'attaque, on en médit, on méconnait ses services : nous croyons indispensable de montrer ce qu'il a su faire au même point de vue patronal.

Nous voulons mettre ses œuvres en lumière, et c'est après avoir parlé de la participation, qui est présentée comme le salut, comme le nœud de la question sociale, qu'il convient d'apporter au public des faits et des chiffres. Beaucoup de nos amis diront que cette lumière est éclatante, que des écrivains autorisés ont rendu hommage aux résultats ; enfin, que le gouvernement actuel lui-même a rendu justice à nos chefs d'industrie, par des récompenses éclatantes : 8 grands prix, 46 médailles d'or, 43 médailles d'argent, 14 de bronze, 2 mentions honorables ont marqué le mérite de l'exposition de la section des institutions patronales. Ce sont là des faits publics, et cependant M. G. Berger lui-même, par sa lettre récente au *Génie Civil*, juge qu'il faut réorganiser les conditions du salaire [1].

Ces faits publics considérables ne paraisssent pas agir sur l'opinion générale, le monde du travail reste troublé; il faut à tout prix de nouveaux remèdes. Nous croyons avoir démontré que parmi ceux auxquels on veut avoir confiance, on ne saurait compter sur la participation. Nous le dirons toujours, la participation est une exception et ne sera jamais qu'une exception; depuis cinquante ans, elle a donné quelques résultats dont profitent peut-être 25,000 ouvriers. Les institutions patronales, liées au salariat, s'appliquent à plus d'un million de travailleurs. Ne méprisons pas ce que nous avons conquis, cherchons à l'améliorer, c'est toujours possible, et nous ferons effort pour indiquer ce qui peut être fait dans ces vues. Mais conservons un ensemble de système de rémunération du travail qui a fait ses preuves, qui rend les plus grands services et qui apporte à l'humanité des soulagements qui doivent inspirer les sentiments d'une profonde reconnaissance.

---

[1] Voir le *Génie Civil*, tome XIX, n° 27, p. 441.

M. Léon Say constate, dans son rapport général du groupe de l'économie sociale, que dans aucune autre section de ce groupe, les exposants n'ont mieux ni plus complètement suivi les instructions de la direction générale et du Comité d'organisation, que la section XIV des Institutions patronales; il ajoute qu'on peut s'en assurer, en lisant les notices de M. E. Cheysson, rapporteur spécial de la section, et notamment celles qui s'appliquent aux huit grands prix. Le rapport de M. E. Cheysson n'a pas encore paru; mais, grâce à lui, j'ai eu communication des ébauches de ses notices, au cours de 1889, et il a bien voulu m'autoriser à en faire usage; c'est ainsi que j'ai établi dans mon ouvrage : *Les accidents du travail et l'industrie*, au chapitre v des Institutions patronales dans l'industrie, ce que nos grands industriels pratiquaient en faveur de leurs ouvriers victimes des accidents du travail [1].

Grâce à ces documents, j'ai pu fixer, assez exactement, le chiffre des ouvriers auxquels s'appliquaient les institutions patronales qui ont été présentées à l'exposition; on peut en trouver le détail dans l'ouvrage précité, p. 117 à 121, il s'élève à 259,152; mais combien d'industriels se sont abstenus! Ainsi, dans les houillères seulement, les Compagnies représentées n'emploient que 20,448 ouvriers, et M. O. Keller, ingénieur en chef des mines, dans sa statistique des caisses de secours publiée en 1884 [2], relève 111,317 ouvriers, dont plus de 98 % jouissaient du bienfait de ces caisses. Deux Compagnies de chemins de fer seulement ont fait connaître leurs institutions : elles représentent 99,000 ouvriers; or, nos six Compagnies en emploient 300,000. Il en est ainsi de toutes les industries, et certes on peut affirmer, sans crainte de se tromper, que plus d'un million d'ouvriers profitent des bienfaits de ces institutions.

Ces institutions résolvent la plupart des questions qui intéressent l'ouvrier. Les solutions, dont elles donnent des exemples nombreux, ne sont pas des conceptions; ce sont des faits, des actes qui peuvent être à chaque instant contrôlés. Le logement de l'ouvrier, son foyer si précieux est organisé; l'économie de la vie est résolue par la pratique de la coopération; l'épargne

---

[1] *Les accidents du travail et l'industrie*, par A. GIBON. Guillaumin et Cie.

[2] Rapport de M. O. Keller. Statistique de l'industrie minérale et des appareils à vapeur, 1888. MM. Baudry et Cie, éditeurs.

est favorisée par les moyens les plus ingénieux, les plus avantageux; des ouvroirs qui travaillent avec profit occupent les jeunes filles; de grands établissements constituent des retraites à leurs ouvriers, ou les favorisent par de lourds sacrifices. Les charges qui sont conséquentes de ces institutions font partie des frais généraux, les Compagnies les entretiennent même en dehors de tout bénéfice et j'aurais voulu mettre ici, sous les yeux du lecteur, les jugements de MM. Léon Say et Cheysson sur les institutions de nos exploitations les plus importantes : nos grandes Compagnies de chemins de fer, la Compagnie d'Anzin, celle de Blanzy, le Creusot, le Bon Marché, Baccarat, la maison Mame; passer en revue également quelques grandes usines à l'étranger pour témoigner que partout on trouve des chefs d'industrie qui savent remplir leur devoir. L'Alsace, dont j'aurais aimé à donner la monographie, est un modèle pour toute l'Europe.

Il ne me sera pas possible d'entrer dans tous les détails de ces institutions; cependant je vais faire en sorte de résumer aussi brièvement que possible celles qui existent dans les exploitations les plus importantes de notre pays. Je m'arrêterai aux établissements dont je viens de citer les noms et je suivrai l'ordre suivant :

Blanzy, — un mot du Bon Marché, dont j'ai déjà parlé, — Anzin, Baccarat, le Creusot, la maison Mame, et, pour terminer, je prendrai à l'étranger l'exemple de la Compagnie de la Vieille-Montagne. — On pourra trouver plus de détails pour les mêmes exemples dans le rapport général de M. Léon Say [1].

La Compagnie de Blanzy possède 1,000 logements avec jardin; le prix du loyer, 4 fr. 50 et 6 francs par mois, ne représente guère que l'impôt et les frais d'entretien. Le logement est une sorte de gratification ou récompense accordée aux plus dignes. La Compagnie avance des capitaux à ceux qui désirent bâtir pour eux-mêmes; le remboursement se fait en dix annuités. En 1888, 1,079 ouvriers chefs de famille étaient propriétaires des maisons qu'ils habitaient. La Compagnie a suscité la création d'associations ouvrières : on en compte plus de vingt; plusieurs sont appliquées à l'épargne. L'une d'elles, « la Prudence, » est devenue une banque qui fait le service de douze Sociétés coopératives. Les ouvriers en sont les actionnaires; en

[1] Jury international, p. CXXIV à CXXXI.

1889, ils ont touché 8 % de dividende. La Compagnie occupe 5 à 6,000 ouvriers ; elle a fondé un grand nombre d'institutions diverses, destinées à la récréation de son personnel : tir, escrime, gymnastique, une union sportive, qui organise des conférences sur des sujets d'histoire, de géographie, d'économie politique ; elle a des harmonies, des fanfares, une bibliothèque, une Société d'histoire naturelle, etc. Ces associations s'administrent elles-mêmes ; la Compagnie leur fournit le local et des subventions dont l'ensemble s'élève à environ 20,000 francs par an.

Un comité central, présidé par le gérant de la Compagnie, se réunit une fois par mois, il entend les représentants de toutes les institutions, qui exposent leurs situations, leurs besoins, et reçoivent les conseils et les bons avis du comité.

L'ensemble des institutions de la Compagnie pour les logements, les retraites, les écoles, les ouvroirs, le service de santé, etc., etc., représente plus d'un million par an. Il représente au moins 50 % du dividende distribué aux actionnaires : on pourrait dire que c'est là une participation très large aux bénéfices de la Compagnie ; mais *ce n'est pas cela* — toutes ces dépenses font partie des *frais généraux*, et le service financier de ces institutions est assuré, *quand même la Compagnie ne réaliserait aucun bénéfice*. — C'est là une distinction capitale.

L'esprit de la Compagnie est toujours au milieu de ses institutions ; toutefois, quand son personnel n'a pas besoin d'elle, elle sait admirablement s'effacer. Il faut, en effet, reconnaître qu'il est utile de s'effacer, il convient de transformer le patronage. Je ne dirai pas encore si ce fait sera un bien ou un mal. Je désire que ce soit un bien. Toujours est-il que l'ouvrier est devenu très jaloux de son indépendance et qu'il sera sage d'en tenir compte. Nous verrons comment on peut songer à le faire. M. Longeron a déjà exposé dans la *Réforme sociale* comment on agissait à Blanzy dans cet esprit, et avec le plus grand succès.

J'ai parlé du Bon Marché, assez longuement pour n'y plus revenir, j'ajouterai seulement, que ce qu'il y a de très remarquable dans l'histoire de ce grand établissement, si admirablement organisé, c'est le grand esprit qui l'a dirigé et dont la générosité a été rendue publique à tous, par l'inoubliable testament de la fondatrice de la maison, Mme Boucicaut, qui a voulu distribuer sa grande fortune à ses coopérateurs; ils ont été pour elle sa famille.

Les institutions patronales de la Compagnie d'Anzin s'appliquent aux logements, à la constitution de l'épargne, aux retraites, au chauffage. Les charges de ces institutions diverses sont supportées par les frais généraux et absolument en dehors des bénéfices; elles se sont élevées en 1888 à la somme de 1,500,000 francs [1].

A Baccarat, où sur 2,000 ouvriers on emploie 500 femmes, on s'est montré plein de sollicitude; le fait très remarquable et très particulier qui signale les institutions de cet établissement, c'est la constitution d'une retraite pour tous les membres de ce nombreux personnel. Ces retraites sont constituées absolument par la Compagnie, c'est un traitement de non-activité, en récompense des anciens services. C'est peut-être dans cette usine que se trouve le mieux pratiqué le principe de la permanence des engagements; les ouvriers y entrent à l'âge de douze à seize ans et n'en sortent plus que pour prendre leur retraite. La Compagnie a organisé des classes du soir pour ses apprentis, une école professionnelle de dessin; elle a réglé des heures de travail limitées; elle a fondé un ouvroir pour les jeunes filles. On chôme complètement le dimanche. Les ouvriers verriers sont logés gratuitement. Les grèves y sont inconnues.

Le Creusot comprend un ensemble d'usines métallurgiques qui représente l'une des entreprises les plus colossales du monde entier. Cette Compagnie, comme celle d'Anzin, emploie 12,000 ouvriers. Les salaires y ont toujours suivi une progression croissante. Ils sont, en 1889, de 75 % plus élevés qu'en 1837. En 1888, le chiffre des subventions et des libéralités a dépassé 1,600,000 fr. Le Creusot a institué des écoles, des caisses d'épargne et de prévoyance, un service médical, des indemnités aux blessés et aux malades, des avances pour la construction de maisons. Toutes ces institutions absorbent

[1] En dehors du rapport de M. Cheysson, on peut consulter avec profit le rapport de M. Renouard sur les institutions patronales du Nord (*Réforme sociale*), et encore les conférences de M. Ch. Ledoux sur l'organisation du travail dans les houillères, tant en France qu'à l'étranger. (Imprimerie Chaix, 1890.)

annuellement une somme à peu près égale à celle de 1,600,000 fr. signalée pour 1888. La stabilité des ouvriers y est remarquable; un huitième du personnel y a plus de trente ans de service, un quart plus de vingt-cinq ans. On y trouve quelquefois à côté d'un ancien ouvrier son fils contremaître et son petit-fils ingénieur.

La maison Mame est signalée dans le rapport de M. L. Say pour sa sollicitude constante en faveur de ses ouvriers, elle les intéresse particulièrement à leur travail par des primes qui améliorent leur salaire très sensiblement. La stabilité du personnel est très remarquable. J'ajouterai que M. Mame s'est occupé d'une manière toute particulière du logement de ses ouvriers, qu'il a construit des habitations modèles qui forment des cités ouvrières.

Nous terminerons cette revue très rapide en disant quelques mots de la Vieille-Montagne, dont MM. E. Cheysson et Cazageux ont fait une monographie très complète dans la *Réforme sociale* [1]. La Vieille-Montagne pratique d'une manière complète la rémunération du travail par les modes divers qui nous paraissent le plus favorables à la paix des ateliers : travail à la tâche encouragé par des primes sur l'économie de matières premières et aussi par des sursalaires sur la perfection des produits; moitié de ces adjuvants est payée avec le salaire, l'autre est portée en compte pour être soldée en totalité à la fin de l'année; elle peut servir de base naturelle à l'épargne, comme nous l'avons déjà indiqué dans notre étude sur les divers modes de rémunération du travail. La moyenne du salaire était, en 1837, de 1 fr. 35 par jour; elle est, en 1888, de 3 fr. 18. M. Cheysson, ramenant cette main-d'œuvre au prix du blé, a trouvé que la valeur du blé, de 1837 à 1888, a baissé de 25 % quand le salaire s'est élevé de 140 %. La stabilité des ouvriers est à noter. La durée moyenne dépasse douze ans.

J'ai tenu à donner le résumé de ces institutions patronales pour témoigner que *tout n'est pas dans le salaire*. La vie de l'ouvrier, sa vie tout entière ne doit pas être indifférente à l'industriel, un chef d'établissement doit surtout s'intéresser au

---

[1] *Réforme sociale*, 16 mars 1890. — Les institutions patronales de la Société anonyme de la Vieille-Montagne.

logement, le logement prime toutes les questions, *le foyer avant tout* [1] ; et alors on doit faciliter par tous les moyens la construction de logements qui assurent un certain bien-être aux ouvriers et à leur famille. Les grands industriels ont fait beaucoup dans ce but, l'ont fait spontanément et à grands frais. Après le logement, il faut rechercher pour eux la vie à bon marché, les sociétés coopératives seules peuvent la fournir. Elles obligent à régler les dépenses d'un ménage au comptant et suppriment ainsi le fléau des dettes. Ces deux points assurés, le foyer et la vie, on peut et on doit songer à l'épargne, à la formation d'un patrimoine. On voit que c'est la sollicitude de tous ceux qui s'occupent de leurs coopérateurs et qui fondent en leur faveur des institutions patronales [2]. Nous citons des sources où le lecteur trouvera des travaux de grande valeur sur ces questions, nous n'avons pu que les indiquer; cependant, en terminant ce que nous pouvons en dire, nous citerons les paroles que notre éminent collègue du comité supérieur du *Génie civil*, M. Emile Levasseur, prononçait en l'honneur du patronage

[1] C'est en effet du foyer qu'il importe de s'occuper avant tout, nous en aurions fait volontiers une revue et cette revue serait bien placée dans le *Génie Civil*, mais nous ne pouvons nous étendre indéfiniment et nous renvoyons le lecteur au rapport de M. G. Picot, rapporteur spécial de la section des habitations ouvrières à l'Exposition de 1889, et au rapport de M. L. Say, rapporteur général de cette importante question, qui depuis de longues années a occupé si dignement M. G. Picot, l'éminent président de la Société d'économie sociale. J'ajoute encore qu'une étude d'un très haut intérêt sur cette question vient d'être publiée par M. E. Cheysson : *Le foyer coopératif et l'assurance en cas de décès du coopérateur*. On trouvera dans ce travail une idée nouvelle, qui certainement n'a pas encore été appliquée dans notre pays et dont le caractère est particulier au principe de l'assurance. L'auteur qui, on le sait, a toujours considéré le foyer comme la base de la famille, a eu en vue d'en rendre l'ouvrier propriétaire et cherché à réaliser cette propriété par des annuités. Les annuités sont fixées à 10, 15, 20 ou 25 années, le chef de la famille peut mourir pendant cette longue période et alors la veuve et les enfants, ne pouvant continuer le paiement annuel, liquident leur position et reçoivent une indemnité dont la base est fixée par contrat. D'après le système exposé par M. Cheysson, le décès du chef de famille laissera la famille propriétaire de la maison, une assurance sur la vie, réglée dans les conditions les plus favorables, en donne à l'ouvrier la garantie absolue. *Le foyer coopératif et l'assurance en cas de décès du coopérateur*, E. Cheysson. Librairie Masson, 120, boulevard Saint-Germain, Paris.

[2] J'appelle l'attention du lecteur sur une brochure de M. E. Cheysson : *L'Economie sociale à l'Exposition universelle*. (*Réforme sociale* du 1er juillet 1869.) Voir également le discours prononcé par M. Noblemaire, directeur de la Compagnie de P.-L.-M., Congrès de 1889. (*Réforme sociale* du 16 juin 1889.) *Institutions patronales de la maison A. Piat*, par MM. E. Cheysson et Cazajeux. (*Réforme sociale*, 1er avril 1890.) Voir encore la *Réforme sociale* du 16 octobre 1889, les récompenses de l'exposition d'économie sociale.

dans le rapport qu'il a présenté à l'occasion du prix Audeoud décerné en 1889 à la Société d'économie sociale par l'Académie des sciences morales et politiques.

« Le patronage, quelle que soit la diversité de ses procédés, est une idée simple, que l'indifférence des patrons et la défiance des ouvriers rendent souvent difficile à pratiquer, mais dont le principe ne nous paraît pas contestable, et dont les œuvres, quand elles sont réglées avec sagesse et contenues par le respect de la liberté, sont dignes de la plus franche sympathie et du plus chaleureux encouragement, il a fait depuis un demi-siècle de remarquables conquêtes, et, nous l'espérons, il en fera de plus grandes encore, dans un prochain avenir, par la force de l'exemple et la nécessité des temps. »

En dehors de tout ce que nous avons dit et mis sous les yeux du lecteur, en dehors de tout ce que nous lui avons recommandé, en dehors de ces belles paroles de M. Levasseur, et, je puis le dire sans blesser personne, au-dessus de tous ces faits : nous recommandons l'étude de cette question dans l'*Organisation du travail* de F. Le Play, notre maître vénéré et impérissable, qui a pressenti les troubles profonds de la société, et qui, dans ce livre mémorable, précisait tout ce qui était à faire pour les éviter; il ne me suffit pas de signaler ici l'*Organisation du travail*, il me paraît nécessaire de rappeler, au moins par quelques extraits de l'avertissement que F. Le Play a mis en tête de sa troisième édition, les grandes pensées qui l'ont dicté.

F. Le Play publiait, en mars et en mai 1870, les deux premières éditions de cet ouvrage et signalait les causes d'affaiblissement qui présageaient de grandes catastrophes; en avril 1871, des catastrophes inouïes n'avaient que trop confirmé ses prévisions. Voici presque textuellement les paroles du maître : La difficulté qui nous empêche de sortir de l'abîme, c'est que les bons citoyens, des nombreux partis qui nous divisent, ne voient pas assez clairement que *le mal est en eux-mêmes et dans le corps de la nation*. Ils oublient le fond des choses et ne peuvent renoncer à leur déplorable engouement pour les formes et les mots. Les meilleurs citoyens sont réduits à l'impuissance par l'oubli de la vérité et par leur division en partis irréconciliables. Ils laissent ainsi le champ libre aux violents, incapables de rien fonder, et dès que ceux-ci ont usurpé le pouvoir, ils soumettent, par voie de contrainte et sans règle tirée de l'expérience, les nations à toutes les nouveautés, à toutes les utopies que peuvent suggérer l'ignorance des faits sociaux et la perversité des hommes. Ils recrutent ainsi de véritables armées et promettent à l'ouvrier, qui vit de son salaire quotidien, une indépendance, qu'il n'aura plus à gagner par les privations de l'épargne.

Éclairé par les salutaires exemples de 1848, l'auteur de l'*Organisation du travail* a pensé qu'il convenait d'agir par des exemples plus que par des préceptes; il s'est attaché à la description des ateliers modèles et s'est appuyé sur l'expérience et la raison; il voit les riches oisifs, les sceptiques, les lettrés et les gouvernants, inculquer les erreurs à la nation et s'éteindre, le plus souvent, sans postérité; il voit d'autres familles de tout rang vouées à l'agriculture, à l'industrie, prospérer et se perpétuer, sous la salutaire influence du travail, de la coutume et du Décalogue; ces familles sont véritablement les autorités sociales; en fait, chez les peuples prospères, elles dirigent partout la vie privée et le gouvernement social. La restauration de ces autorités naturelles rétablirait sans secousse les bons rapports sociaux, qui furent successivement détruits par la corruption de l'ancien régime et les violences de la Révolution.

F. Le Play était déjà dominé par ces pensées de sa profonde sagesse, quand, commissaire général de l'Exposition de 1867, il provoquait la création d'un nouvel ordre de récompenses en faveur du patronage industriel. Sa pensée a conduit l'un de ses plus éminents disciples à provoquer, en 1889, l'exposition d'économie sociale, qui a mis sous nos yeux les beaux exemples de la XIV$^e$ section, comprenant les institutions patronales, et ceux des autres groupes qui touchent à la rémunération du travail, au foyer domestique, à l'économie de la vie, à la prévoyance, etc., etc.

Oui, certes, nous avons vu tous ces efforts, mais aucun d'eux ne paraît avoir ému les travailleurs. Les violents et les utopistes ont toujours sur eux l'influence la plus funeste, la plus fatale. Le million d'hommes qui profitent de ces institutions ne paraît pas avoir le sentiment des bienfaits qu'ils répandent. Depuis deux années surtout, les Congrès ouvriers se succèdent et les grèves se multiplient. Au milieu de l'Exposition même, un Congrès international, dirigé par les socialistes révolutionnaires les plus célèbres, a proclamé que son but était l'expropriation politique et économique des capitalistes, et son moyen, l'union des prolétaires du monde entier. Son président, Liebnecht, s'est écrié, dans le banquet de clôture : L'avenir est à la démocratie socialiste !

Jamais les grèves n'ont été plus fréquentes et plus graves, en Belgique, en Allemagne, surtout en France. Nous venons de subir une grève générale du bassin houiller du Pas-de-Calais ; elle a failli entraîner complètement les ouvriers du bassin du Nord. Cette grève a présenté deux caractères nouveaux, qui nous inspirent les craintes les plus vives et nous placent au milieu des actes les plus violents, malgré une apparence de correction qui voudrait voiler leur gravité.

M. P. Leroy-Beaulieu a dévoilé le premier [1], le gouvernement a fait ce qu'il a pu pour pratiquer l'autre.

Les syndicats se montrent de plus en plus tyranniques; on se rappelle que la grève des ouvriers de la Compagnie d'Anzin, de 1886, a eu pour origine un syndicat illégal dont M. Basly était le secrétaire général, on sait la pression que ce syndicat a exercée sur les mineurs, qui ont encore un souvenir assez vif de leurs souffrances, pour n'avoir pas cédé à la nouvelle pression que les entrepreneurs de grèves viennent d'exercer vis-à-vis d'eux. La nouvelle grève du Pas-de-Calais est aujourd'hui l'œuvre d'un syndicat, qui a convié les ouvriers à se prononcer, par oui ou par non, sur la proposition d'une grève générale. La liberté individuelle, en 1886, avait été pourchassée par les membres d'un syndicat illégal; ici, le plébiscite résout la question. Nous avons la moitié plus un des votants qui veulent la grève, personne ne travaillera. Nous n'avons pas même la moitié, nous avons 13,000 ouvriers qui ont voté la grève, 7,000 ont voté contre et 15,000 en s'abstenant ont témoigné qu'ils étaient disposés à continuer le travail; peu importe, personne ne travaillera et ceux qui veulent travailler sont des traîtres. La grève est générale. Le gouvernement laisse faire. La loi des syndicats de 1884 que nous avions saluée comme une loi de liberté devient une arme de tyrannie.

Le second fait, dont le gouvernement est l'auteur, est un acte

---

[1] *Economiste français* du 21 novembre 1891, *Une nouvelle application du plébiscite.*

d'autorité qui a, selon nous, le caractère très net de socialisme d'État.

Quand une grève se déclare, le devoir du gouvernement est tout tracé : il doit faire respecter la liberté du travail; s'il ne le fait pas, il commet un acte de faiblesse et encourage au moins l'une des parties. Quand son intervention est sollicitée, il n'a qu'une réponse à donner : ce n'est pas mon affaire, discutez vos intérêts comme vous l'entendez, l'État n'a pas à intervenir. Vous ne voulez pas travailler, restez chez vous. Vous ne voulez pas consentir aux réclamations de vos ouvriers, fermez vos ateliers. Voulez-vous nommer des arbitres, nommez-les. Le gouvernement avait d'abord suivi cette voie sage, il avait déclaré, par l'organe du président du conseil, qu'il s'y maintiendrait, et tout aussitôt il a fait le contraire. Il a nommé une commission d'arbitrage composée d'hommes certainement aussi honorables que distingués, mais ce n'étaient pas là des arbitres, ces hommes formaient un tribunal et le gouvernement outrepassait son droit. Les choses étant ainsi, les ouvriers ont refusé les juges et les deux parties ont nommé des arbitres. La grève avait été déclarée sans motif, elle a été résolue sans concession, les Compagnies ne pouvaient en faire aucune.

Cette solution favorable a conduit le gouvernement à proposer une loi sur les conseils de conciliation et d'arbitrage. Il est absolument nécessaire à la paix publique que la société fasse tout son devoir pour mettre un terme à des mouvements aussi désordonnés, qui n'ont d'autre raison de se produire que l'intérêt de personnages étrangers à l'industrie et dont les conséquences sont toujours inquiétantes et sérieuses.

Cette digression sur une grève qui se produit, au moment même où nous écrivons ces lignes, était nécessaire; la grève générale des houillères peut être déclarée à chaque instant; cet événement nous montre des dangers nouveaux, il nous démontre que la tension qui existe entre le capital et le travail s'accentue de plus en plus, rien ne paraît pouvoir modifier cette situation déplorable, le monde du travail est dévoyé, il a perdu toute direction, il obéit à des forces fatales. Une réorganisation du salaire, quand même elle serait possible, amènerait-elle la paix? Nous voyons chaque jour le salaire s'accroître et les difficultés se multiplier sans cesse. Ces difficultés ne sont pas dans le salaire, elles ne sont pas davantage dans un désintéressement généreux des patrons ou des Compagnies vis-à-vis de leurs collaborateurs, les institutions patronales le démontrent très clairement, car c'est l'industrie qui a fait le plus pour ces institutions, l'industrie houillère, qui souffre le plus de la guerre impitoyable que la fatalité déchaîne à la fois entre les ouvriers et leurs chefs.

Ce n'est donc pas tout de bien payer son personnel et de songer à lui, *administrativement*, pour ce qui touche à ses plus grands intérêts. Non, ce n'est pas tout; l'ouvrier, vous me direz, est bien exigeant : je le reconnais, que veut-il donc? Je vais chercher à le faire comprendre, ce sera l'objet de mon dernier chapitre et ma conclusion.

## CHAPITRE VII

### CONCLUSION

La science la plus utile. — Compagnies anonymes. — Conciliation et arbitrage. — Projet ministériel sur cette question. — Chambres d'explications de Mariemont et de Bascoup en Belgique. — Détails relatifs à cette institution. — Mouvement gréviste dans les houillères; sa cause; sa durée. — Nécessité de rapports fréquents entre les chefs d'industrie et leurs ouvriers. — Moyens de les organiser. — La science qui maintient l'union entre les hommes peut seule écarter les doctrines des sectaires et les révolutions.

F. Le Play, dans l'avertissement de la troisième édition de son puissant ouvrage sur *l'organisation du travail*, fait cette observation aussi simple que profonde : « Les familles prospères, nous dit-il, possèdent la science la plus utile, celle qui maintient l'union entre les hommes: ces familles exercent sur leurs collaborateurs l'autorité légitime qui se fonde sur le respect et l'affection. » Cette science, la plus utile, était généralement pratiquée dans les ateliers, en un temps qui n'est pas encore bien loin de nous, et certes, ce n'était pas à l'état des salaires qu'on pouvait attribuer l'union qui existait alors; car si nous nous reportons seulement à cinquante années en arrière, nous pouvons constater qu'à cette époque, les salaires étaient à peine la moitié de ce qu'ils étaient il y a quelques années, et depuis 1880 ils se sont encore accrus de 20 %. Cette union ne saurait davantage être attribuée au fait des subventions diverses que la libéralité des chefs d'industrie accordait à leurs collaborateurs; nous avons dit, et l'Exposition de 1889 démontre, que ces libéralités, dans toutes les grandes industries, ont aujourd'hui une ampleur qu'elles n'ont jamais atteinte dans le passé. Mais, à l'époque, assez rapprochée de nous, dont nous parlons, les mœurs n'étaient pas ce qu'elles sont devenues; l'affection unissait les ouvriers à leurs chefs, la vie entre eux était pour ainsi dire commune, le contact était permanent.

Nous ne reproduirons pas ici le tableau que nous avons déjà tracé de la situation actuelle de nos industries, comparées à ce qu'elles étaient avant les progrès merveilleux de la science [1]; nous rappellerons cependant que l'industrie a pris à l'agriculture des centaines de mille hommes, qui forment des agglomérations considérables, dont l'existence et, surtout, l'état moral, ont été profondément bouleversés. Nous dirons de plus que les hommes intéressés à ces industries ont vécu et vivent souvent en dehors d'elles, et même en dehors de ceux qui les dirigent, que les rapports d'affection n'existent plus, ils sont presque nuls. Mais, si ces rapports sont nécessaires, s'ils sont indispensables à l'union des hommes, si l'expérience, la raison, les faits nous en donnent le témoignage, nous n'avons pas à hésiter, il y faut revenir, et si la forme ne peut plus être celle qui existait dans le passé, il faut en chercher une qui puisse s'accorder avec la situation nouvelle.

Nous avons, pendant une longue carrière, servi avec dévouement les intérêts de compagnies puissantes. Les administrateurs de ces compagnies et, en général, les administrateurs des grandes compagnies industrielles, permettront bien à un ancien directeur d'usines importantes, d'exprimer respectueusement ses sentiments sur les mesures qui lui paraissent la conséquence de cette évolution industrielle.

Je dirai donc que les questions qui s'élaborent autour des tapis verts des chambres de conseils des grandes compagnies ne doivent pas être seulement des questions administratives, des questions techniques; que même elles ne doivent pas se borner aux questions de salaires et à celles si particulièrement intéressantes de questions patronales : elles doivent aller plus loin. Si l'union est nécessaire, si elle nous est prescrite par les devoirs les plus élevés, si la belle formule de la démocratie est sincère, si la fraternité, qui la termine et la couronne, n'est pas un vain mot, qui promet tout et ne donne rien, il faut que la science, qui, d'après F. Le Play, maintient l'union entre les hommes, soit pratiquée.

Les administrateurs des compagnies anonymes ne peuvent être sur place, au milieu de leurs ouvriers; mais ils y sont représentés par des directeurs, des ingénieurs, des agents admi-

[1] *La paix des ateliers*, A. Gibon. Guillaumin et C^ie, éditeurs.

nistratifs, etc., etc. Pourquoi cette science, qualifiée la plus utile par l'un des savants les plus éminents de notre siècle, ne serait-elle pas représentée au milieu de ceux qui coopèrent aux productions industrielles? Pourquoi les administrateurs d'une exploitation importante ne chercheraient-ils pas l'affection de leurs coopérateurs comme ils demandent leur travail? C'est là une voie nécessaire, il faut l'ouvrir et s'y arrêter quelquefois, si l'on veut éviter les catastrophes que nous font entrevoir les difficultés présentes.

Au cours de 1891, le Congrès des Sociétés savantes avait posé cette question : « Etudier en France et à l'étranger les institutions qui sont de nature à faciliter l'arbitrage et la conciliation entre patrons et ouvriers. » La Société des ingénieurs civils a délégué une commission pour étudier la question [1]. Cette commission m'a fait l'honneur de me nommer son rapporteur. Nous nous sommes entendus sur les principes à présenter et à défendre et sur les conclusions à formuler. Ce travail a pris pour titre le but que nous cherchions : « La paix des ateliers. »

Il n'est pas sans intérêt de rappeler ici notre conclusion présentée sous forme de vœu :

Nous demandions : 1° que toute suspension ou interruption de travail, du fait des ouvriers ou des patrons, fût précédée d'un délai de quinze jours au moins, pendant lesquels ouvriers et patrons porteraient vis-à-vis d'un conseil de conciliation, composé en nombre égal de patrons et d'ouvriers nommés par leurs pairs, l'objet du débat qui pouvait exister entre eux, sous peine d'une pénalité fixée par la loi ; 2° que si le désaccord persistait, il serait porté devant un conseil d'arbitrage, composé, comme le premier, de patrons et d'ouvriers dont les jugements seraient facultatifs, c'est-à-dire qu'ils n'obligeraient pas les parties, mais seraient rendus publics ; 3° les conseils de conciliation et d'arbitrage seraient permanents; ils nommeraient leur président et leur secrétaire, au besoin de tiers arbitres ; le juge de paix du canton serait intermédiaire entre les parties.

---

[1] Les membres de cette délégation étaient MM. Paul Buquet, aujourd'hui président de la Société des Ingénieurs civils ; E. Bert, Ingénieur, docteur en droit ; Gibon, ancien directeur des usines de Commentry ; Gruner, Ingénieur civil des mines, secrétaire du Comité central des houillères de France ; Moreau, professeur au collège Chaptal ; Rémaury, Ingénieur conseil.

C'était déjà une conclusion analogue qui avait été présentée en 1872 par une Commission chargée par la Société des ingénieurs civils d'étudier la loi de 1864 sur les coalitions. Nous maintenions les vues de nos collègues, convaincus par notre expérience et par les exemples qui nous viennent de l'étranger, que les conseils de conciliation et d'arbitrage peuvent rendre de grands services.

Nous n'avons rien à reprendre à ces conclusions. Il est certain que les conseils de conciliation et d'arbitrage, établis depuis plus de vingt années à l'étranger, ont rendu de grands services, et dans la récente grève générale du Pas-de-Calais, il a suffi que des arbitres des Compagnies houillères, nommés par ces Compagnies, fussent mis en présence des arbitres nommés par les ouvriers, pour que l'entente fût établie. L'histoire de cette grève générale n'est pas encore faite, mais à notre sens la fatigue était déjà grande, les motifs bien faibles, les revendications peu fondées, peu soutenables. Les arbitres ont donné aux ouvriers la plus grande satisfaction en se montrant réciproquement peu exigeants et la paix a été signée. C'est au mieux et cet exemple est un résultat. Les conseils de conciliation et d'arbitrage feront plus encore quand ils seront organisés par la loi, qu'ils seront formés uniquement de leurs pairs et qu'ils seront permanents.

Nous avons aujourd'hui la vive satisfaction de constater que M. le ministre du commerce, de l'industrie et des colonies, vient de déposer, sur le bureau de la Chambre des députés, un projet de loi qui porte pour titre : Projet de loi sur *la conciliation et l'arbitrage facultatifs* en matière de différends collectifs entre patrons et ouvriers [1].

Ce projet répond en partie à nos vœux; nous ne voulons pas le discuter ici, il nous paraît conçu dans un bon esprit; si la discussion en maintient la pensée, il est appelé à rendre des services. Cependant, il nous paraît que les chefs d'industrie peuvent mieux faire s'ils le veulent; il faudrait arriver non seulement à l'apaisement des difficultés, *il faudrait les éviter*, c'est là le but que nous ambitionnons d'atteindre : que la paix ne soit jamais troublée et pour que cela soit, il doit suffire que la science, qui maintient l'union entre les hommes, occupe dans la vie des ate-

---

[1] *Comité central des houillères de France*, n° 532 du 1er décembre 1891.

liers la place qui lui appartient. Nous en trouvons un exemple; il s'agit d'un fait, nous allons l'exposer avec quelques détails.

Quelques hommes en France, parmi lesquels j'ai l'honneur de me trouver, ont parlé dans leurs écrits d'une organisation spéciale, unique je crois, qui existe depuis 1875 en Belgique, aux exploitations de Bascoup et Mariemont, où travaillent six mille ouvriers. M. Weiler, Ingénieur en chef du matériel des houillères de cette Société, a exposé le 26 juin 1888, à la Société belge d'économie sociale, l'organisation complète, ou mieux, comme il le dit : l'esprit des institutions ouvrières qui se pratique à Bascoup et à Mariemont. Cet esprit répond, à notre sens, à la science qui maintient l'union entre les hommes, il répond à nos vœux les plus chers, aux intérêts les plus élevés. M. Weiler est bien celui qui pratique ces institutions; mais avec l'appui formel, et plus que l'appui, la coopération de son Conseil d'administration et le concours effectif des intéressés les plus importants de sa Société, MM. Warocqué et Lucien Guinotte, administrateur et directeur de la Compagnie, de telle façon que le conseil d'administration de cette Compagnie peut revendiquer l'honneur de l'action. C'est là ce que je crois indispensable pour nous rapprocher de la pratique du passé ; quand le chef d'industrie, dans sa conversation intime avec son personnel, s'occupait non seulement des conditions de son travail, mais de son foyer, de sa vie, de ses épargnes et de son avenir.

Les sciences, avons-nous dit, ont fait des progrès merveilleux. La science qui maintient l'union entre les hommes n'est pas restée en arrière, elle ne modifiera jamais son grand principe, qui est à la fois le sentiment profond du devoir et la sincère affection; mais elle observera ce fait, que l'homme est aujourd'hui plus instruit, qu'il voit autour de lui des merveilles qui le font réfléchir, qu'il a le sentiment de sa responsabilité ; que celui de la personnalité, de la force individuelle, ne se fait pas moins sentir ; si tout cela est exact, et je le crois, on doit comprendre qu'il tient de plus en plus à son indépendance, il croit qu'on doit compter avec lui, qu'il n'est plus en tutelle, que le tuteur, si excellent qu'il puisse être, doit se transformer, se rapprocher de lui, consentir, je me trompe, provoquer des rapports continus et des explications qui amènent la conviction, en un mot, organiser des moyens d'entente sur toutes les questions qui touchent à ses intérêts. C'est ce que la Société de Mariemont et de Bascoup a su reconnaître et pratiquer.

Cela établi, nous n'avons plus qu'à résumer l'exposé que M. Weiler a présenté à la Société belge d'économie sociale. Nous modifions seulement un peu l'ordre de son étude, qu'il divise en quatre groupes : 1° organisation de travail; 2° logements, économie de la vie; 3° institutions de prévoyance; 4° épargne. Je serai très bref tout en m'efforçant d'être clair.

Nous avons déjà dit, en parlant des divers modes de rémunération du travail, que l'ouvrier avait droit à une part de l'économie qu'il réalise ou aide à réaliser sur la main-d'œuvre. M. Weiler dit, avec nous, que la Société de Mariemont et de Bascoup s'attache à garantir à ses ouvriers une part légitime des améliorations apportées, avec leur concours, aux conditions de la main-d'œuvre. L'ouvrier qui apporte une amélioration à son travail ou qui aide à réaliser cette amélioration est certain d'être rémunéré de ses peines, et pour assurer cette juste rémunération, la Compagnie de Mariemont a constitué ses ouvriers en groupes professionnels, espèces de syndicats avec lesquels elle traite, de gré à gré, des conditions de la main-d'œuvre.

Les ouvriers sont également intéressés à l'économie des frais généraux, ils ont des primes sur toutes les économies de graissage, de combustible, d'éclairage et d'outillage et, occupés de tous ces détails, ils ne souffrent plus le gaspillage dans leurs ménages, ils deviennent éducateurs de leurs femmes et de leurs enfants.

Au sujet du prix du travail, si, malgré les soins les plus attentifs, des désaccords se produisent, l'ouvrier est assuré de son recours auprès des agents supérieurs.

La Société a pris, pour les charbonnages, une mesure plus importante : elle a formé un conseil de conciliation et d'arbitrage composé par moitié d'ouvriers et d'employés, et a remis à ce conseil le droit de prononcer en cas de conflit sur les questions de salaires.

La Compagnie, pénétrée du bienfait de la moralisation, a supprimé progressivement et depuis 1888 complètement, le travail des femmes dans la mine.

La Compagnie a construit près de 600 maisons ouvrières, qui se distinguent des habitations similaires par leur cachet d'aisance et de confort. Ces maisons sont très recherchées, leur nombre est insuffisant. La Compagnie aide, par des avances, les nombreux ouvriers qui désirent construire; l'ouvrier qui veut devenir propriétaire doit diriger lui-même la construction de sa maison, il en arrête la disposition et le prix. Aujourd'hui, plus du quart des ouvriers de la Compagnie, chefs de famille, sont propriétaires de leur foyer, et ce nombre s'accroit chaque jour.

Les Sociétés de coopération rendent les plus grands services.

L'organisation des logements et des Sociétés coopératives date de 1889.

Les services signalés rendus par ces établissements ont amené la constitution d'épargnes importantes. Des Societés particulières, composées d'ouvriers et d'employés, les administrent avec succès; les placements annuels sont de 25 à 30,000 francs.

Une Caisse de prévoyance, qui doit parer aux conséquences des dangers auxquels les mineurs sont exposés, est établie pour les dix charbonnages du district du Centre. Elle assure des pensions aux ouvriers blessés, aux veuves et orphelins de ceux qui ont perdu la vie par accident; elle accorde aussi, sur ses ressources disponibles, des pensions de retraite à ses vieux ouvriers.

Cette caisse se distingue des autres caisses analogues de la Belgique, par ce fait caractéristique, que les ouvriers participent à son administration sur le même pied que les patrons, et contribuent comme ceux-ci à l'alimentation de la caisse.

En dehors de cette caisse de groupe, chaque charbonnage a sa caisse particulière de secours; elle intervient pour le traitement des accidents causant simplement une incapacité temporaire de travail. A Mariemont, les ouvriers participent à son administration; ils y ont la majorité. Le conseil se compose de 4 ouvriers délégués et de 3 employés; ils administrent sévèrement. Les conseils nomment leur médecin.

Mariemont et Bascoup ont une caisse spéciale de prévoyance pour constituer des retraites aux employés. Cette caisse intervient également pour majorer les modiques pensions de retraite, servies par la Caisse de prévoyance du Centre.

Ces institutions de Caisses du Centre et personnelles sont obligatoires. La direction de Mariemont et de Bascoup a voulu faire plus : elle a engagé les ouvriers mineurs à fonder une société de secours mutuels, en vue de secours complémentaires destinés à assurer des allocations spéciales aux ouvriers incapables de travailler par suite de blessures ou de maladie. Ces sociétés sont administrées par les ouvriers eux-mêmes; elles sont prospères, elles existent pour les ouvriers mécaniciens comme pour les ouvriers mineurs, elles sont spéciales à chaque industrie. La cotisation est uniforme, 1 franc par mois; mais les mécaniciens, moins exposés que les mineurs, reçoivent 1 fr. 50 par jour de chômage, les mineurs 1 franc. Ceci en dehors de ce qui leur est servi par les caisses indiquées ci-dessus.

Nous terminons par l'exposé des institutions qui ont trait au développement intellectuel et moral des ouvriers.

La Compagnie subventionne l'Ecole industrielle de Morlanwelz, qui forme des dessinateurs, des contremaîtres mécaniciens, des porions. Cette école est un précieux complément de l'école primaire, on la considère comme une des meilleures du royaume; elle est officielle, et près d'elle se trouve une institution libre fondée par la Société d'instruction populaire de Morlanwelz. Cette société compte 1,500 affiliés, dont la cotisation annuelle est de 2 francs. C'est une véritable Société coopérative d'instruction. La Compagnie de Mariemont n'intervient dans cette société que par le prêt de livres déposés dans ses bibliothèques. En dehors des écoles et des bibliothèques, il y a aussi des Sociétés d'excursionnistes, des Sociétés horticoles et des Sociétés musicales. Les ouvriers sont pour ainsi dire les seuls directeurs de ces sociétés diverses, et cette initiative est une pratique que nous apprécions.

Si maintenant nous pouvions étudier les procès-verbaux des chambres d'explications et du conseil de conciliation et d'arbitrage, nous verrions combien ces institutions libres rendent de services au point de vue de la paix des ateliers. Je dois à M. Weiler la communication de ces procès-verbaux de plusieurs années. J'ai vu toutes les questions qui se traitent dans ces conseils. Je crois qu'il est difficile de mieux faire.

Quoi qu'il en soit, la paix absolue ne saurait exister sur la terre. La Compagnie de Mariemont a eu, elle aussi, son épreuve. Les institutions que nous venons de décrire ont été violemment attaquées par le parti qu'on désigne en Belgique sous le nom d'anarchiste, et pendant deux ou trois jours, dans la période du 26 au 29 novembre 1888, les ouvriers ont partiellement suspendu leur travail. C'est ce que l'on a appelé la grève de Mariemont [1]. Ce mouvement a plutôt affermi qu'affaibli les institu-

---

[1] Voir le *Journal des Economistes* de mai 1889. Lettre de M. Weiler à M. F. Passy.

tions sur lesquelles nous avons cru devoir nous arrêter quelque temps ; elles se maintiennent avec solidité. Il n'y a pas de beaux jours sans nuages ; le ménage le plus uni n'est pas à l'abri d'un moment de mauvaise humeur, inspiré par un calomniateur. Ce qu'il importe de constater ici, c'est que pas un des membres ouvriers des conseils établis dans la Société n'a failli à son devoir.

Les institutions de la Société de Mariemont sont un exemple parfait des garanties de la paix entre patrons et ouvriers ; il faut mettre les hommes en présence, et quand les intentions sont justes et droites, quand la bonne volonté est sincère, l'accord ne peut jamais être profondément troublé.

Nous avons donné quelques développements à cette organisation, parce qu'elle nous a paru rentrer dans le cadre de la science qui cherche à maintenir la paix entre les hommes ; parce qu'elle paraît admirablement organisée pour maintenir l'entente sur toutes les questions qui touchent aux intérêts des ateliers et à la plus délicate, le salaire [1]. Et aussi sur ce point j'appelle tout particulièrement l'attention du lecteur : cette organisation impose l'entente sur toutes les questions, par ceux qui seuls ont un intérêt à cette entente et qui, en même temps, sont qualifiés pour la conserver ; ils sont les représentants de leurs pairs, et si un jour la paix a été troublée dans cette grande exploitation, c'est parce que les hommes méprisables, qui font métier de créer les difficultés et d'attiser les haines, ont vu qu'à Mariemont il n'y avait pour eux aucune place. En France, on l'a vu constamment, ce sont les politiciens qui font les grèves et qui en profitent, au grand préjudice des chefs d'industrie et des ouvriers.

Je ne prétends pas que le système de Mariemont, qui me séduit, je l'avoue, soit praticable partout. Mais partout les Compagnies peuvent prendre des mesures pour que leurs représentants attitrés soient en contact avec leurs ouvriers et aussi pour que les ouvriers soient représentés auprès d'eux ; partout on peut déterminer les questions qu'ils pourront et devront étudier et résoudre ; partout on peut, si on le veut sérieusement, du fait du contact direct avec les ouvriers, écarter les agitateurs, et si on le fait avec sincérité, avec cette science la

[1] *Organisation du travail*, § 21 de l'organisation du travail, page 115. F. le Play.

plus utile, signalée par F. Le Play, et pratiquée à Mariemont, je crois qu'on évitera beaucoup de troubles. Ce sont des mesures qu'il convient de prendre en famille, qu'il faut savoir réaliser sans bruit et sans éclat; elles n'imposent aucun système. Ces systèmes varieront à l'infini, mais tous auront pour but unique l'entente parfaite sur le salaire, la constitution des foyers de l'ouvrier pour lui et par lui, l'économie de la vie, qu'il arrivera à organiser lui-même, par sa gestion personnelle des sociétés coopératives, puis les institutions de prévoyance, pour lesquelles l'ouvrier peut encore avoir besoin de concours, que ses nombreux amis n'hésiteront pas à lui donner.

Si maintenant je rappelle ce que j'ai pu dire des institutions patronales présentées plus haut, je me permets de demander à nos conseils d'administration si, en intention et en fait, ils sont bien éloignés de la pratique de Mariemont. Plusieurs sociétés n'ont-elles pas déjà fait un premier pas dans cette voie? Je crois qu'on peut citer la grande exploitation de Blanzy; Anzin vient de montrer son union et sa volonté de la paix au milieu de la bourrasque du Pas-de-Calais. Bessèges a fêté récemment avec éclat la fête du cinquantenaire de M. Ferdinand Chalmeton, directeur de la Compagnie houillère. Les ouvriers de Blanzy viennent d'inaugurer la statue de M. Jules Chagot [1]. Le Creusot ne connait plus les grèves et depuis longtemps. Tous ces grands établissements ont cependant eu leurs épreuves. Tous jouissent aujourd'hui de la plus parfaite harmonie. Les institutions qu'ils ont fondées si généreusement touchent à tout ce qui intéresse l'ouvrier. Les principes suivis par les Compagnies qui les appliquent sont excellents; elles ont presque toutes un même tort, auquel on n'a pas songé, un simple tort dans la forme : ces institutions sont régies administrativement, étudiées sans le concours des plus intéressés, elles sont pratiquées de même. Une instruction générale transmise aux directeurs des usines, aux chefs de service qui sont plus rapprochés des ouvriers, modifierait la situation. Il suffirait que cette instruction précisât qu'à l'avenir, tout ce que les sociétés ont fait spontanément pour le salaire, le logement, l'économie de la vie, la prévoyance, etc., fût l'objet d'examens, d'études qui seraient faites régulièrement, par des ingénieurs et employés désignés par elle et simultanément par

[1] Compte rendu, chez MM. Rajaud frères, imprimeurs. Montceau-les-Mines.

un nombre égal d'ouvriers élus par leurs pairs. Je n'entre ici dans aucun détail. J'ai indiqué un modèle, c'est une base; on s'en rapprochera ou l'on s'en écartera suivant les circonstances, suivant les lieux, suivant les industries ; un seul point essentiel, c'est celui de rapprocher les intéressés pour arriver à l'accord, à l'entente [1]. C'est là le but qu'il faut atteindre, parce qu'il a le mérite, le très grand mérite d'unir les véritables intéressés et celui, non moins précieux, d'écarter les agitateurs, les hommes qui, dans les agitations qu'ils provoquent et dans les grèves qui en sont la conséquence, n'ont qu'un but : leur intérêt personnel au détriment de tous les autres.

Cette fois, nous sommes arrivé au terme de l'étude à laquelle le *Génie Civil* a été convié. M. Georges Berger veut écarter les doctrines des sectaires et les révolutions; nous sommes avec lui et nous croyons pouvoir dire que le corps tout entier des Ingénieurs civils de toutes nos grandes Ecoles est avec lui. Le moyen qu'il proposait ne répond certainement pas à ses vues; la participation des ouvriers aux bénéfices est très souvent impossible, car on ne saurait décréter les bénéfices. Nous ne sommes pas, en principe, opposé à la pratique de la participation. Elle a produit des résultats dont nous avons cherché à fixer l'importance, elle a donné des exemples que nous avons mis en relief. Mais tout cela, après cinquante annés d'efforts, est bien peu de chose, comparativement à l'ensemble des questions ouvrières ; on peut trouver là des sujets de louange pour les hommes dévoués qui se consacrent à vulgariser le système. On ne saurait y trouver une base de réorganisation du travail ni du salaire. Les objections que ce moyen provoque sont indéniables et d'une gravité que personne ne peut méconnaître. Nous avons mis sous les yeux du lecteur les avis des hommes indépendants, les plus considérables, qui ont étudié la question. Nous avons montré le peu de solidité d'un projet de loi qui, en fait, arrive

[1] Il est d'un grand intérêt d'étudier une note de M. A. Demeure, ingénieur au corps des mines de Belgique, sur la pratique et les résultats remarquables qu'ont produits les chambres d'explications instituées aux charbonnages de Mariemont et de Bascoup. Tous les résultats acquis témoignent que l'entente sur le salaire est parfaite, que les ouvriers ont un intérêt marqué, 50 %, sur toutes les économies qu'ils réalisent avec le concours de leurs chefs, et enfin que le prix de la main-d'œuvre par tonne de houille va sans cesse en diminuant, pendant que le salaire s'améliore par l'action du personnel. Le lecteur trouvera aux annexes (n° 4) un résumé des extraits du travail de M. A. Demeure.

à faire payer la participation par l'impôt; quoi qu'il en soit, toutes ces démonstrations ne résolvent pas la question. Il faut écarter les doctrines des sectaires. Ce sont là *les difficultés présentes*. Pour les combattre, nous avons cherché ce qu'on devait faire et ce qu'on fait déjà très fréquemment pour intéresser, par le salaire, les ouvriers aux travaux qu'on leur confie, pour qu'ils aient un intérêt sur la partie de la main-d'œuvre qui peut dépendre d'eux-mêmes. Nous avons mis en évidence, autant que possible, les institutions patronales qui honorent l'industrie de notre pays, et non contents encore de ces salaires et de ces institutions, si généreuses qu'elles soient, nous voulons, comme par le passé, unir les ouvriers à leurs chefs par les devoirs et l'affection, nous proposons qu'ils ne restent étrangers à aucune des questions qui les touchent, que les questions soient examinées par des chambres d'explications composées comme celles de Bascoup et Mariemont, ou toute autre forme pratique, dont le but sera toujours d'établir l'accord et l'entente. Par ce moyen nous croyons écarter de grands dangers; nous voulons pratiquer la science la plus utile, *la science qui maintient l'union entre les hommes*.

Ce n'est pas là un vain mot : le penseur qui l'a prononcé est un maître vénéré, que le corps des Ingénieurs tout entier place au faîte de ses illustrations. F. Le Play est la science elle-même et surtout la science sociale, la science sociale qui s'appuie sur les faits, sur l'expérience, sur la raison. Je voudrais que ce travail, d'un de ses dévoués disciples, méritât l'approbation de ceux qui, comme lui, veulent écarter les doctrines des sectaires et les révolutions.

## APPENDICE

### M. P. LEROY-BEAULIEU

Au moment où nous terminions dans le *Génie civil* [1] la publication de notre étude sur *la participation des ouvriers aux bénéfices et les difficultés présentes*, M. Paul Leroy-Beaulieu publiait dans l'*Economiste français* [2] un article substantiel et vigoureux à propos du projet de loi de MM. Guillemet et quatre-vingt-dix de ses collègues, qui fait l'objet d'un des chapitres de notre travail ; l'auteur y défend les opinions déjà exprimées dans une série d'articles publiés en 1870, dans la *Revue des Deux Mondes*, et réunis, en 1872, dans son ouvrage sur *la question ouvrière* [3]. L'autorité qui s'attache au nom de M. P. Leroy-Beaulieu donne un grand poids aux idées que nous avons défendues et nous engage à présenter à nos lecteurs la substance de cet article d'une grande actualité.

M. Leroy-Beaulieu rappelle d'abord, très succinctement, ce que nous avons montré par des détails précis, notamment pour la Compagnie d'Orléans et le Bon Marché, que l'on comprend souvent, sous le nom de participation, des modes divers de rémunération du travail, qui sont d'un emploi général et n'ont aucun rapport avec la participation réelle, qui s'appliquerait au bénéfice net, amortissement, réserves et fonds de prévoyance déduits ; rien, à son avis, et c'est aussi le nôtre, ne saurait remplacer le salaire. Il démontre, par des chiffres frappants, ce que nous avons démontré nous-même, que les bénéfices appréciables sont le privilège d'un petit nombre, que beaucoup d'in-

---

[1] *Génie civil*, 19 novembre ; 3, 10, 17, 31 décembre 1891 ; 16 janvier 1892.
[2] *Economiste français*, 2 janvier 1892.
[3] *La Question ouvrière au XIXe siècle*, Charpentier et Cie, Paris, 1872.

dustriels travaillent tout simplement pour vivre, que beaucoup perdent de l'argent, et, faisant un rapprochement du nombre de patentés comparé à celui des faillis, des liquidations judiciaires et d'une supputation sur le nombre des chefs de maison, ceux qui ont vécu sans rien gagner ou qui font seulement des profits très minimes, il trouve que 20 % des entreprises individuelles sont en bénéfice. Quant aux sociétés anonymes et spécialement celles relatives aux exploitations minières, il rappelle que M. Yves Guyot, ministre des travaux publics, a déclaré que sur 1,200 entreprises de mines concédées par l'Etat, il y en a 800 qui ont ruiné leurs actionnaires; on peut rapprocher cette déclaration des chiffres que nous avons donnés sur les résultats financiers de nos houillères françaises, d'après les travaux de M. Dujardin-Beaumetz et de M. Vuillemin. Dans ces conditions, comment parler de la participation aux bénéfices comme d'un régime normal et qui doit devenir universel?

M. Leroy-Beaulieu démontre ensuite facilement, comme l'ont démontré beaucoup de manufacturiers et nous-même, que les bénéfices industriels et commerciaux ne tiennent pas au personnel ouvrier : ils tiennent à la conception des chefs responsables et à la direction de l'entreprise. Il recommande le salaire, avec tous les stimulants efficaces qui unissent les intérêts de l'ouvrier à ceux de la compagnie ou du manufacturier pour lequel il travaille, et dit, avec nous, que la participation aux bénéfices ne sera jamais un contrat constituant pour les deux parties des droits juridiques; il ajoute que si, un jour, on voulait transformer la participation patronale actuelle en un régime sérieusement juridique, les trois quarts des maisons qui pratiquent bénévolement ce régime y renonceraient, comme à une source de discordes; nous avons dit plus, notre avis est qu'un régime juridique de ce genre serait la mort de la participation.

M. Leroy-Beaulieu, revenant au projet de la participation aux bénéfices dans les entreprises de l'Etat, constate, avec une vive satisfaction, que M. Yves Guyot a soufflé sur toutes ces billevesées, et, avec lui, nous savons gré au ministre de son bon sens et de sa netteté; nous avons précisé les termes du jugement du ministre.

M. Yves Guyot a confirmé, en effet, ce que nous avons dit et ce que chacun sait, que les chemins de fer de l'Etat ne font aucun bénéfice et que toute nouvelle concession fait appel à la garantie de l'Etat; que la participation aux bénéfices n'est pas applicable aux entreprises de travaux publics, en raison de la mobilité du personnel ouvrier, et souvent, ajoute M. P. Leroy-Beaulieu, les entrepreneurs s'y ruinent : ce qui est exact.

Il est d'un intérêt capital de connaître aussi nettement l'opinion de M. le ministre des travaux publics sur cette question ; elle détruit les illusions que des hommes, dont nous n'avons jamais méconnu les bonnes intentions, ont répandues dans le public. M. Yves Guyot rend un précieux service ; le projet de loi sur la participation restera mort-né. C'est le sort le plus heureux qu'on ait pu lui souhaiter et que nous avions prédit ; il va rejoindre, dans les cartons, des projets chimériques. Rien ne serait plus grave que de voir un gouvernement produire et soutenir des vues de ce genre, qui entretiennent dans les masses des promesses irréalisables, décevantes et pleines de dangers.

# ANNEXE N° 1

## LETTRE DE M. GEORGES BERGER A M. LE PRÉSIDENT DU CONSEIL D'ADMINISTRATION DU *GÉNIE CIVIL*

Le journal *le Génie Civil* a conquis en onze années le premier rang parmi les organes spéciaux qui traitent, au point de vue scientifique, théorique et pratique, les questions relatives au progrès industriel en même temps qu'à l'art de l'ingénieur.

La notoriété et l'autorité que le *Génie Civil* possède lui tracent des devoirs nouveaux et impérieux. L'heure n'a-t-elle pas sonné, en effet, où il ne peut plus être admis qu'une agitation spécieuse, stérile et trop souvent politique, soit entretenue autour des problèmes sociaux et ouvriers qui sont à résoudre? Il est urgent que ces problèmes reçoivent une solution sans l'intervention des moyens révolutionnaires et violents de plus en plus prônés, soit au nom d'un humanitarisme aveuglément radical, soit en vertu de doctrines contraires à l'ordre naturel, et codifiées par des sectaires qu'une ambition malsaine porte à se créer une clientèle même éphémère parmi ceux qui souffrent de leur sort.

La solution de la question sociale ouvrière réside dans une réorganisation du travail conforme aux méthodes techniques nouvelles, à la diffusion parmi les classes laborieuses d'une instruction devenue souvent supérieure aux connaissances professionnelles qui sont indispensables pour l'exercice du métier, et aussi au rôle prépondérant du capital qui, dans la mesure juste et utile, doit être la force commune, bien que non possédée par tous, plutôt que la force opprimante.

Aucun journal n'est plus à même que le *Génie Civil* de donner un corps aux démonstrations qui sont nécessaires, afin que le législateur, le penseur et le public tout entier s'identifient loyalement avec les obligations de chaque industrie, grande ou petite, surtout sous le rapport de la main-d'œuvre ordinaire ou mécanique appliquée aux matières que cette industrie emploie et transforme; et cela, en tenant compte de la corrélation qui doit exister entre la rémunération du producteur et la satisfaction du consommateur si âprement sollicité par la concurrence.

La loi peut et doit intervenir pour protéger l'enfance quand le travail industriel fait trop échapper celle-ci à l'école et à la famille; surtout, chaque fois que la fréquentation de certains ateliers risque de compromettre l'avenir physique et moral de l'enfant. On peut, en effet, prétendre, sans méconnaître pour cela les droits des parents, que l'enfant appartient au pays et qu'il faut préparer des citoyens robustes, des mères saines et fécondes. Mais je suis, pour ma part, l'adversaire résolu de toute loi qui réglementerait étroitement le travail de l'ouvrier adulte. Que la loi intervienne pour empêcher le patron d'abuser de celui qu'il emploie, je l'admets. Mais on ne fera jamais comprendre qu'il soit permis au législateur d'enlever à l'ouvrier le droit et la faculté d'user librement de sa personne, c'est-à-dire de travailler autant qu'il le veut et le peut, du moment qu'il s'est mis d'accord amiablement avec son patron sur les conditions du travail supplémentaire dont l'accomplissement excédera la durée normale et convenue du labeur quotidien. Faire intervenir la loi pour qu'il en soit autrement, cela serait porter atteinte à la liberté individuelle du citoyen; cela serait violer le pacte de 1789.

Les considérations que je viens de faire valoir peuvent être, je le sais, combattues au moyen d'autres considérations qui auraient le même caractère de doctrine à la fois économique, sociale et peut-être politique. Mais il appartient à la rédaction technique du *Génie Civil* de faire valoir des raisons tirées d'une connaissance approfondie de l'inexorable pratique industrielle. N'est-il pas opportun, par exemple, de mettre en lumière les résultats de toutes espèces qui ont été constatés et pourront encore être signalés dans le travail des fabriques, par suite de la substitution progressive des procédés mécaniques aux procédés manuels? La machine a rendu plus accélérée, plus économique et plus correcte la fabrication de toutes choses; grâce à elle, la consommation a augmenté proportionnellement à l'abondance possible d'une production à bon marché, sans qu'une réduction sensible du nombre des bras occupés se soit opérée, puisqu'il a fallu fabriquer davantage. Mais est-on certain que l'équilibre qui s'est établi ainsi, de sorte que chacun, patron et ouvrier, conserve les moyens de vivre et de prospérer, ne serait pas déplorablement rompu par l'adoption de projets de lois élaborés dans le but spécieux d'arriver au maintien de salaires certains et élevés, quoique la tâche de l'ouvrier fût rendue moins longuement assujettissante chaque jour? La logique ne saurait abdiquer ses droits devant les erreurs théoriques; et c'est à la machine, qui n'a pas encore dit son dernier mot, que le patron menacé pourrait bien avoir recours, en demandant et en obtenant de celle-ci un degré de perfection et d'obéissance capable de lui faire substituer son action passive à une portion irrémédiablement notable de l'activité ouvrière individuelle. La science et l'ingéniosité du constructeur-mécanicien, mises à contribution forcée, n'auraient aucune peine à combiner en peu de temps des mécaniques nouvelles qui, surveillées plutôt que conduites par un petit nombre de mains, accompliraient en peu d'heures l'ouvrage qui, aujourd'hui encore, nécessite l'emploi prolongé d'équipes importantes d'ouvriers. Quel sera le sort de ceux dont l'impatience aurait provoqué le désastre social qui serait dû à un progrès matériel aussi précipité, parce qu'ils auraient voulu limiter à l'excès le nombre des heures fixées pour gagner un salaire?

Je sais bien que la machine accroîtra, quand même et par la force des choses, l'étendue de ses services; mais cela ne doit se faire que pas à pas, et au fur et à mesure que les besoins de la production augmenteront. Cette augmentation, aussi indéfinie que sont immenses les surfaces du globe qui restent encore à ouvrir à la civilisation et au commerce, est infaillible. Il ne saurait donc s'agir de l'avènement brusque d'un état de choses industriel qui supprimerait davantage les bras de l'homme; il faut au contraire préparer, par l'harmonie sociale et par une union plus étroite que jamais entre le capital et le travail, l'épanouissement des forces productives du monde qui nécessitera que les ouvriers, si nombreux qu'ils puissent être, soient de plus en plus secondés par la force de la machine.

J'ai dit que le travail avait besoin d'être réorganisé en tenant compte du degré élevé de l'instruction répandue dans la classe ouvrière. Je ne vois qu'un moyen pour cela, c'est le régime de la participation aux bénéfices [1]; et il n'y a nul besoin de recourir au législateur en vue de l'introduction, de l'application et de la généralisation de ce régime; la résolution des patrons et l'intelligence des ouvriers suffisent. Je voudrais voir le *Génie Civil* poursuivre l'étude de cette grave question dont la solution sera celle du grand problème social ouvrier qui se pose devant le monde moderne. Il sera intéressant et utile de faire sentir comment cette répartition peut être établie dans la plupart des grandes industries, en laissant d'un côté au capital sa puissance utile et son pouvoir d'accroissement, et, de l'autre, au travail, c'est-à-dire à l'ouvrier, la possibilité d'augmenter son salaire fixe par des appoints variables, proportionnels à la fois aux bénéfices réalisés en commun et aux trois facteurs appréciables de sa collaboration : l'ancienneté, l'assiduité, la production. Il faudra, ensuite, faire pressentir combien il sera aisé à cette association effective du patron et de l'ouvrier de faire œuvre d'initiative collective dans la fondation de caisses de retraite, de caisses d'assurance contre le chômage, les accidents et la mort. Certains économistes affirment qu'il existe des industries dont l'espèce ne peut s'accommoder du régime de la participation aux bénéfices; j'en doute, mais je voudrais connaître les faits ou les données sur lesquels cette assertion peut être basée.

Je demande aux lecteurs du journal *le Génie Civil* d'excuser le décousu de ces quelques lignes; je les prie d'y trouver la manifestation des sentiments d'un homme que la politique ne parviendra jamais à détacher de l'appréciation la plus saine, à son avis, des choses de l'industrie et du monde de nos braves ouvriers.

Georges BERGER.

---

[1] Voir le *Génie civil*, t. III, n° 24, p. 624; t. IV, n° 1, p. 7; n° 2, p. 25; t. VI, n° 20, p. 316; t. X, n° 14, p. 230; n° 16, p. 264; t. XVIII, n° 24, p. 395.

# ANNEXE N° 2

## PROJET DE LOI DE MM. GUILLEMET ET DE QUATRE-VINGT-DIX DE SES COLLÈGUES

---

ARTICLE PREMIER. — A partir de la promulgation de la présente loi, tout concessionnaire de l'Etat, des départements ou des communes, pour des travaux ou exploitations *d'une durée de plus de cinq années*, devra accorder la participation aux bénéfices aux ouvriers et employés de sa concession, dans les conditions déterminées par le cahier des charges.

ART. 2. — Pour toute concession accordée par l'Etat, les départements ou les communes, le cahier des charges devra stipuler la clause de *participation et en déterminer les conditions*. Celles-ci devront tenir compte du nombre *d'années de présence, du zèle, de l'assiduité au travail et de la production*.

La participation sera toujours acquise à l'ayant droit, sans aucune déchéance au profit du concessionnaire. La portion du produit de la participation à employer dans un but de prévoyance le sera sous la forme d'un livret individuel de la caisse des retraites de la vieillesse, d'un livret individuel d'épargne capitalisée à intérêts composés ou d'une assurance mixte payable à un âge déterminé ou immédiatement à la famille en cas de décès.

ART. 3. — Les inventaires des exploitants ou entrepreneurs, ainsi que les états de répartition, devront être contrôlés par un arbitre-expert désigné par le président du tribunal de commerce du lieu de domicile de la partie qui aura concédé.

ART. 4. — A partir du 1er janvier de l'année qui suivra la promulgation de la présente loi, l'Etat organisera la participation aux bénéfices dans toutes les usines, manufactures et exploitations qu'il gère lui-même et dont il met en vente les produits. Tout employé ou ouvrier ayant plus de trois années de présence sera de droit membre participant. Les inventaires seront contrôlés par un arbitre-expert désigné par le président du tribunal de commerce du lieu où siège le conseil d'administration de chaque établissement ou exploitation.

ART. 5. — Dans les usines, manufactures, exploitations que l'Etat gère lui-même sans en mettre en vente les produits, telles que les arsenaux, manufactures de Sèvres, de Beauvais, des Gobelins, etc., les employés et ouvriers seront intéressés à la production. L'Etat fera établir des inventaires conventionnels par voie d'équivalence et comparaison avec les produits similaires de l'industrie privée. Cet inventaire sera également contrôlé par un arbitre-expert désigné par le président du tribunal de commerce.

ART. 6. — Un règlement déterminera pour chaque établissement ou exploitation les conditions et l'emploi de la participation en tenant compte (pour en imputer la dépense, jusqu'à due concurrence, sur les produits de cette participation) des institutions de retraite ou autres qui auraient déjà été créées sur frais généraux au profit du personnel.

---

# ANNEXE N° 3

## PROJET DE LOI DE M. LE MINISTRE DU COMMERCE ET DE L'INDUSTRIE SUR LES CONSEILS DE CONCILIATION ET D'ARBITRAGE

---

Article premier. — Il est institué des *Comités de conciliation* et des *Conseils d'arbitrage* pour prévenir ou régler pacifiquement les différends d'ordre collectif entre patrons et ouvriers ou employés, portant sur les conditions du travail.

La sanction de leurs décisions réside dans la loyauté, l'esprit de justice et l'honneur des parties.

### TITRE PREMIER. — De la conciliation et de l'arbitrage accidentels.

Art. 2. — Les patrons et les ouvriers ou employés qui, voulant provoquer l'arbitrage, ne sont point tombés d'accord, directement entre eux, sur les conditions de cet arbitrage, peuvent, soit ensemble, soit séparément, en personne ou par mandataires, adresser au juge de paix du canton ou de l'un des cantons où existe le différend, une déclaration écrite contenant :

1° Les noms, qualités et domiciles des demandeurs ou de ceux qui les représentent;

2° L'objet du différend, avec l'exposé succinct des motifs allégués par la partie;

3° Les noms, qualités et domiciles des personnes auxquelles la proposition d'arbitrage doit être notifiée;

4° Les noms, qualités et domiciles des délégués choisis, dans la profession, par les demandeurs.

Art. 3. — Le juge de paix délivre récépissé de cette déclaration, avec indication de la date et de l'heure du dépôt, et la notifie, sans frais, dans les vingt-quatre heures, à la partie adverse ou à ses représentants.

Art. 4. — Au reçu de cette notification, et au plus tard dans les trois jours, les intéressés doivent faire parvenir au juge de paix leur réponse et la motiver en cas de refus. Passé ce délai, leur silence est tenu pour refus.

S'ils acceptent la proposition d'arbitrage, ils désignent, dans leur réponse, des délégués en nombre égal à celui des délégués choisis par les demandeurs.

Si l'éloignement ou l'absence des personnes auxquelles la proposition d'arbitrage est notifiée, ou la nécessité de consulter des mandants, des associés ou un Conseil d'administration, ne permettent pas de donner une réponse dans les trois jours, les représentants desdites personnes doivent, dans ce délai de trois jours, déclarer quel est le délai nécessaire pour donner cette réponse.

Cette déclaration est transmise, par le juge de paix, aux demandeurs dans les vingt-quatre heures.

Art. 5. — Si la proposition d'arbitrage est acceptée, le juge de paix convoque d'urgence les délégués désignés par les parties.

En cas d'absence d'un ou plusieurs délégués de l'une des parties, le ou les plus jeunes délégués en surnombre de la partie la plus nombreuse n'auront que voix consultative au débat.

Art. 6. — Les délégués des parties, en nombre égal, constituent le *Comité de conciliation.*

Leurs réunions ont lieu en présence du juge de paix, qui est à leur disposition pour diriger les débats s'ils le désirent, mais n'y peut avoir que voix consultative.

Art. 7. — Si l'accord s'établit, dans ce Comité, sur les conditions de la conciliation, ces conditions sont consignées dans un procès-verbal dressé par le juge de paix et signé par les délégués.

Art. 8. — Si l'accord ne s'y établit pas, le juge de paix invite les parties à désigner, soit chacune un arbitre, soit un arbitre commun.

Au cas où il serait désigné deux arbitres, ceux-ci pourraient faire choix d'un tiers arbitre.

Art. 9. — La décision sur le fond, prise, rédigée et signée par les arbitres, est remise au juge de paix.

Art. 10. — Si les arbitres n'arrivent à s'entendre ni sur la solution à donner au différend, ni pour le choix d'un tiers arbitre, l'échec de l'arbitrage est consigné par le juge de paix dans un procès-verbal.

Art. 11. — Les procès-verbaux et décisions mentionnés aux articles 7, 9 et 10 ci-dessus sont conservés en minute au greffe de la justice de paix, qui en délivre gratuitement une expédition à chacune des parties intéressées et en adresse une autre au Ministre du commerce, de l'industrie et des colonies, par l'entremise du Préfet.

Art. 12. — Lorsqu'une décision de conciliation ou d'arbitrage aura fixé les conditions du travail, elle fera foi en justice pour le règlement des litiges individuels, à moins de conventions contraires.

Art. 13. — La demande d'arbitrage, le refus ou l'absence de réponse de la partie adverse, la décision du Comité de conciliation ou celles des arbitres, ou, enfin, l'échec de la tentative d'arbitrage, notifiés par le juge de paix au maire de chacune des communes où s'étendait le différend, seront, par chacun de ces maires, rendus publics par affichage à la place réservée aux publications officielles.

Art. 14. — Les locaux nécessaires à la tenue des Comités de conciliation et aux réunions des arbitres sont fournis, chauffés et éclairés par les communes où ils siègent.

Les frais qui en résultent sont compris dans les dépenses obligatoires des communes.

## TITRE II. — Des conseils permanents de conciliation et d'arbitrage.

Art. 15. — Les Comités accidentels de conciliation visés à l'article 6 peuvent, du consentement des parties qu'ils représentent et en se conformant aux prescriptions de l'article 16 ci-après, se transformer en *Conseils permanents de conciliation et d'arbitrage*, pour prévenir ou régler tous nouveaux différends d'ordre collectif, portant sur les conditions du travail, qui pourraient s'élever entre ces parties.

Ils peuvent désigner des arbitres permanents ou accidentels, pris dans la profession ou en dehors.

Art. 16. — Les procès-verbaux de constitution et le règlement de ces Conseils permanents doivent être déposés, dans la huitaine, au greffe de la justice de paix. Il en est de même de leurs décisions portant nomination d'arbitres ou relatives aux différends qui leur sont soumis.

Le juge de paix adresse une expédition de chacune de ces pièces au Ministre du Commerce, de l'Industrie et des Colonies, par l'entremise du préfet.

Art. 17. — Les décisions de ces conseils sont, s'ils le requièrent, notifiées par le juge de paix au maire de chacune des communes où s'étendait le différend, pour y être rendues publiques par affichage à la place réservée aux publications officielles.

Art. 18. — L'article 12 leur est applicable.

Les Conseils permanents peuvent réclamer le bénéfice de l'article 14.

# ANNEXE N° 4

## RÉSUMÉ D'UNE NOTE DE M. A. DEMEURE, INGÉNIEUR AU CORPS DES MINES DE BELGIQUE, SUR LES CHAMBRES D'EXPLICATIONS INSTITUÉES AUX CHARBONNAGES DE MARIEMONT ET DE BASCOUP

M. A. Demeure rappelle les troubles qui se sont produits en Belgique en 1886 et la nomination de la commission du travail qui a suivi cette agitation ; le projet d'institution de conseils de conciliation sur le rapport de M. Brants, la conférence de M. J. Weiler à la Louvière sur l'arbitrage et la conciliation, les discussions qui ont eu lieu à ce sujet au sein de l'Association des ingénieurs sortis de l'Ecole de Liège. Enfin, il arrive à l'examen des chambres d'explications qui fonctionnent avec succès aux charbonnages de Mariemont et Bascoup depuis 1875. Ces chambres d'explications sont établies pour les ouvriers du matériel des charbonnages de la société; les ouvriers sont au nombre de 450. — Chaque spécialité a un comité spécial — les délégués de ces comités sont élus par les ouvriers, ils se réunissent une fois par trimestre, avec tous les agents sous les ordres desquels ils travaillent. La réunion est présidée par l'ingénieur en chef de la division du matériel, M. Weiler.

Après trois années de pratique de ces comités, les résultats suivants ont été atteints :

1° Suppression des amendes;

2° Organisation générale du travail à la tâche ;

3° Réduction sensible du revient, coïncidant avec une augmentation notable des salaires.

Tout directeur d'usine reconnaîtra que les amendes sont dures pour l'ouvrier et pénibles pour ceux qui les appliquent. La mise à pied, le renvoi au besoin, sont des peines plus graves, mais qui doivent être appliquées quand les causes les justifient. On a trouvé, à Mariemont et Bascoup, qu'on devait récompenser les services spéciaux et l'activité exceptionnelle par des gratifications, c'est au mieux. Les amendes sont absolument supprimées; nous savons que cette mesure est appliquée en France dans plusieurs usines.

Il convient d'exposer l'organisation du travail à la tâche; nous n'en dirons que les principes, qui sont très simples, bien que l'application en soit délicate et difficile.

Le système du travail à la tâche est généralement appliqué dans la division du matériel; on discute, dans les chambres d'explications, des tarifs et des entreprises; les tarifs arrêtés sont fixés pour une durée qui varie d'une année à deux années; il en est de même des entreprises remises à des groupes d'ouvriers après entente ferme avec eux. L'ouvrier n'a pas seulement à exécuter un travail à la tâche relatif à la main-d'œuvre, il a aussi à veiller sur les consommations de toute espèce qui touchent à l'entretien, et il a un intérêt, une prime, sur les économies réalisées sur ces matières. On règle les allocations de matières relativement à une marche normale et relativement à l'extraction. Les chiffres, qui servent de base aux primes, sont fixés pour deux années. Il faut se résigner à entrer dans tous les détails pour apprécier justement les tâches de la main-d'œuvre et les consommations de matières; mais c'est là un devoir de l'ingénieur. Quant au règlement de compte de l'ouvrier, il reçoit régulièrement, par mois ou par quinzaine, ce qui est relatif à la tâche de la main-d'œuvre; mais la prime sur les économies de matières n'est réglée qu'à la fin de l'entreprise, et alors elle est partagée en deux parties égales : l'une pour la compagnie, justifiée par les progrès de ses dispositifs et par les soins particuliers de son personnel supérieur, l'autre aux ouvriers, entre lesquels elle est répartie au prorata des salaires des travaux à la tâche. En fait, l'ouvrier est devenu entrepreneur de main-d'œuvre et entrepreneur d'entretien. L'ouvrier est intéressé à la partie de l'exploitation sur laquelle il a une action directe. C'est une erreur de songer à l'intéresser sur les résultats généraux de l'entreprise, résultats sur lesquels il n'a que l'action limitée que nous venons de décrire et pour laquelle on ne saurait trop lui faire sa part : là, c'est toute justice.

M. Demeure démontre combien est vaine la pensée de la participation aux bénéfices d'ensemble d'une affaire industrielle. — Nous croyons l'avoir assez démontré nous-même pour qu'il soit inutile d'y revenir dans cette annexe.

Voici maintenant quelques résultats du système :

De 1877 à 1888, le travail à la tâche étant ramené, pour son produit, à la moyenne de l'heure, a porté cette moyenne de 0 fr. 40 à 0 fr. 51, et en même temps les réductions successives sur la main-d'œuvre consenties librement par les ouvriers, au moment du renouvellement des contrats, ont été de 25 °/₀ au moins — la quantité de travail exécutée dans les ateliers a presque doublé sans augmentation de personnel.

Les économies sur les matières ont progressé dans une proportion considérable en 1886; elles ont été de 16 °/₀ sur la dépense normale, et se sont chiffrées par 30,000, dont les ouvriers ont touché la moitié.

M. Demeure donne un exemple de l'action prépondérante et vraiment inespérée de l'ouvrier attentif et intéressé sur les consommations de certaines matières; — ainsi, pour l'huile employée au graissage des machines, la dépense est descendue dans la proportion de 450 à 15 du fait de la consommation, de la nature et du prix de la matière employée. — Voilà ce que fait l'union des intérêts, que nous ne cessons de recommander.

Nous pouvons conclure avec M. Weiler, comme il l'a fait dans sa conférence à la Louvière :

1° Que les chambres d'explications sont un complément nécessaire des conseils de conciliation et d'arbitrage. Nous les appellerons le système préventif des difficultés ;

2° Elles permettent aux patrons comme aux ouvriers d'être constamment informés de leurs intentions réciproques, et la bonne volonté résout les problèmes qui paraissent les plus difficiles ;

3° Elles rapprochent les hommes et assurent leur bonne entente ;

4° Elles établissent le contrôle des agents intermédiaires entre patrons et ouvriers ; — aucune intention ne peut être dénaturée, aucune injustice ne peut se produire.

## ANNEXE N° 5

### AUTORITÉS DIVERSES DONT LES NOMS SONT CITÉS DANS CETTE ÉTUDE

# ANNEXE N° 6

## COMPAGNIES ET MANUFACTURES CITÉES

# ANNEXE N° 7

REVUES ET OUVRAGES CITÉS AU COURS DE CETTE ÉTUDE

---

BESANÇON. — IMPR. ET STÉRÉOTYP. PAUL JACQUIN.

www.ingramcontent.com/pod-product-compliance
Ingram Content Group UK Ltd.
Pitfield, Milton Keynes, MK11 3LW, UK
UKHW031914260826
14628UKWH00003B/1181

9 782019 722234